乔石谈民主与法制

（下）

人民出版社

中国长安出版社

1988 年 8 月，看望胡耀邦。

2005 年 10 月，乔石夫妇和朱镕基夫妇在一起。

2006 年夏，温家宝在北戴河看望乔石。

1988 年 7 月，在藏民家。

在新疆喀纳斯牧民家。

1994 年 6 月，在西沙与守岛部队战士共进午餐。

1994 年 6 月，在西沙群岛植树。

1994 年 12 月，和夫人郁文到启功家中探望。

1992 年底，迎新年京剧晚会结束后，与梅葆玖、李维康、耿其昌在一起。

　　1982 年 9 月，出席中共十二大。在十二届一中全会上，乔石当选为中央书记处候补书记。

2002 年 3 月摄于北京。

1994 年，访问拉美回国经停复活节岛时，受到按当地民俗的欢迎。

1994 年 4 月，访问日本时与夫人郁文在樱花树前留影。

全家福。1994 年 12 月，庆贺乔石 70 寿辰。

非淡泊無以明志

非寧靜無以致遠

壬申八月 蒍石

编辑说明

《乔石谈民主与法制》一书，经过近两年的努力，现在出版了。

乔石同志 1982—1998 年历任中共中央对外联络部部长、中央办公厅主任、中央组织部部长、中央政法委员会书记、国务院副总理、中央纪律检查委员会书记、中央党校校长、中央社会治安综合治理委员会主任、第八届全国人大常委会委员长。中共第十二届中央委员，中央书记处候补书记、书记，中央政治局委员，第十三届中央书记处书记，中央政治局常委，第十四届中央政治局常委。本书选入了乔石担任党和国家领导人期间，有关民主与法制的重要讲话、报告、谈话、文章共 102 篇，书中还收录了一些相关的照片和题词等。

本书分上下两集。上集（1985 年 9 月至 1992 年 12 月）主要谈在改革开放的新形势下如何做好政法工作，推进民主法制建设，依法管理社会，加强社会治安综合治理，保障社会安定，促进改革开放，推动社会主义现代化建设事业。下集（1992 年 12 月至 1998 年 2 月）主要谈修订和贯彻实施宪法，在全社会树立宪法和法律的权威与尊严；加强经济立法，构建社会主义市场经济法律体系框架，保障社会主义市场经济有序发展；推进有中国特色的社会主义民主政治建设，保障公民的政治权利，发展民主，加强监督，倡廉反腐，坚持和完善人民代表大会制度，努力建设社会主义法治国家。

　　编入本书的文稿，绝大部分系第一次公开发表。在编辑过程中，我们力求保持文稿的原貌和谈话风格，只做个别文字订正。对于不常见的少数专有名词或简称缩写、部分人物和事件，在首次出现处作简要的注释。对当时任党和国家领导职务的同志不再加注。本书中文稿的标题，除公开发表过的几篇外，大都为编者所加。

　　感谢中央领导同志对本书编辑出版给予的关心、支持和帮助。

　　乔石和郁文同志对书稿作了审定。

　　田纪云、贾春旺、陈冀平、束怀德、佘孟孝、刘政、周成奎、陈新权、宋北杉同志为本书的编辑工作提供了宝贵的意见。中央和国家机关有关部门、人民出版社、中国长安出版社等单位为本书的编辑、出版工作提供了大力的支持和帮助，特此表示诚挚的感谢！

　　由于我们水平和时间所限，编辑过程中错漏之处在所难免，切望读者批评指正。

　　参加本书编辑工作的有：陈群、郭庆仕、陈雪英、郑忠祥、李多。参与相关工作的有：胡平生、吴兴唐、田松年、孙建刚。

本书编辑组

2012 年 5 月

目　录

（上）

（下）

在首都纪念宪法颁布
十周年大会上的讲话

(1992 年 12 月 4 日)

同志们，朋友们：

1982 年 12 月 4 日，五届全国人大五次会议通过的中华人民共和国宪法，颁布实施已经整整十年了。今天，我们在这里隆重集会，纪念宪法颁布十周年，是为了在全社会进一步树立宪法的权威，保证宪法的实施，更好地贯彻落实中国共产党第十四次全国代表大会提出的各项任务，加快改革开放的步伐，促进社会主义现代化建设和民主法制建设，努力把我国建设成为富强、民主、文明的社会主义强国。

大家知道，宪法是国家的根本大法，在国家生活中具有极其重要的作用。宪法规定了国家的根本制度和根本任务，是维系国家统一、民族团结、社会稳定的基础。宪法具有最大的权威性和最高的法律效力。一切法律、法规和其他规范性文件都不得同宪法相抵触，任何组织或者个人都不得有超越宪法的特权，一切违反宪法的行为都必须予以追究。所有国家机关、社会组织和全体公民都以宪法为最高行为准则，国家的长治久安就有了保证。

我国现行宪法，是继承了 1954 年第一部宪法的优良传统，根据党的十一届三中全会以来所确定的路线、方针、政策，适应我国新的历史时期政治、经济等各方面发展的要求，经过全民讨论而制定的，它集中反映了全国各族人民的共同意志和根本利益，明确地把经济建设作为国家的中心任务，坚持了四项基本原则，体现了改革开放，是一部建设有中国特色社会主义的好宪法。

宪法保障了我国社会主义现代化建设和改革开放的顺利进行。宪法规定："今后国家的根本任务是集中力量进行社会主义现代化建设。"十年来，全党和全国各族人民扭住经济建设这个中心不放，进一步解放和大力发展社会生产力，使经济建设、人民生活、综合国力都上了一个新台阶，国家的面貌发生了深刻变化。宪法和1988年通过的宪法修正案，对经济体制改革和对外开放作了原则规定，包括保护个体经济的合法权益，允许私营经济在法律规定的范围内存在和发展，允许土地的使用权转让，完善经济管理体制和企业经营管理体制，实行各种形式的责任制，确认企业经营管理的自主权，允许外国的企业和其他经济组织或者个人在中国投资，同中国的企业或者其他经济组织进行经济合作等。宪法的这些规定，对于推动我国对内搞活经济和对外开放，促进经济体制的转换，起了重要作用。

宪法推动了社会主义民主政治建设。十年来，作为我国根本政治制度的人民代表大会制度不断完善。各级人大及其常委会密切联系群众，认真履行宪法赋予的各项职权，在立法、监督和决定重大问题等方面发挥了重要作用。国家的行政、审判、检察体制不断健全。各个国家机关之间明确分工、协调一致地工作，有力地巩固了我国人民民主专政的国家政权。保护公民权利是社会主义民主的基本内容。宪法吸取"文化大革命"中严重践踏公民权利的沉痛教训，对公民的自由和民主权利作了广泛的规定。它既包括生存权、人身权和政治权利，又包括经济、文化、社会等各方面的权利。十年来，依据宪法的规定，进一步完善选举制度，制定了一系列保护公民权利的法律，使公民权利的行使逐步走上法制轨道；坚持和完

1992 年 12 月 4 日，首都纪念宪法颁布十周年大会在人民大会堂隆重举行。江泽民、万里、乔石、李瑞环等出席纪念大会。

善中国共产党领导的多党合作与政治协商制度，巩固和发展了广泛的爱国统一战线，中国共产党就重大问题与各民主党派中央领导人和无党派代表人士进行协商已经形成制度；坚持实行和完善民族区域自治制度，维护和发展了各民族的平等、团结、互助关系，促进了各民族的共同繁荣。努力加强基层群众性自治组织的建设，保障了群众直接管理经济、文化和社会事务的权利。

宪法有力地促进了社会主义的法制建设。宪法是制定法律、法规的基础和依据，对建立和完善我国社会主义法律体系起着重要的指导作用。党的十一届三中全会以来，制定了 204 个法律和有关法律问题的决定或补充规定，还制定了 617 个行政法规，2360 个地方性法规，初步改变了我国相当长时期内法制建设薄弱的状况，使国家政治、经济、社会生活的主要方面有法可依。各级行政、审判、检察机关建立健全了执法机构，改善了执法状况。全国人大常委会提出把对法律实施的检查监督放到同立法同等重要的地位。各级人大常委会有计划、有组织地开展了执法检查，纠正了一些违宪违法现象，推动了我国的法制建设。全国人大常委会两次作出了在公民中普及法律常识的决议，在全国范围内开展了以宪法为中心的普法教育，增强了全社会的宪法意识和法制观念。

在建设高度物质文明的同时，强调努力建设高度的社会主义精神文明，是现行宪法的一大特点。十年来，根据宪法的规定，国家大力发展教育、科学、文化和卫生体育事业，在全体人民中间进行了四项基本原则教育、理想教育、道德教育、公民意识教育等，培养有理想、有道德、有文化、有纪律的"四有"新人，并依法努力扫除各种社会丑恶现象，发扬良好的社会风尚，展现中华民族新的精神风貌。

过去的十年，我们在实施宪法方面取得了很大成绩，这些成绩的取得是来之不易的。同时也要看到，在实施宪法方面还有不足，主要表现在：保证宪法实施的具体制度还不健全，一些违反宪法的现象得不到及时有效的纠正，公民的宪法意识还有待进一步提高。因此，进一步维护宪法的尊严，保证宪法的实施，仍然是我们今后的一个长期的任务。

一个多月前刚刚闭幕的党的第十四次全国代表大会，是一次在我们党的历史上具有重大意义的会议。十四大总结了我国社会主义现代化建设的实践和经验，确定了用邓小平同志关于建设有中国特色社会主义理论武装全党，确定了毫不动摇地坚持党在社会主义初级阶段的基本路线，确定了我国经济体制改革的目标是要建立社会主义市场经济体制，并且选举产生了新的党中央领导集体。现在，大政方针、目标任务都明确了，关键是真抓实干，狠抓落实。我们应当按照十四大提出的要求，进一步贯彻实施宪法，推动我国社会主义现代化事业的更大发展。

一、贯彻实施宪法，就要毫不动摇地坚持党的基本路线，加快改革开放和社会主义现代化建设的步伐。

实施宪法，首先就要认真贯彻"一个中心、两个基本点"的基本路线。坚持党的基本路线不动摇，关键是坚持以经济建设为中心不动摇。在这方面，我们是有深刻历史教训的。以史为鉴，"文化大革命"结束后不久，党的十一届三中全会作出了把党和国家的工作重点转到经济建设方面来的决策。邓小平同志反复告诫我们："现在要横下心来，除了爆发大规模战争外，就要始终如一地、贯彻始终地搞这件事，一切围绕着这件事，不受任何干扰。就是爆发大规模战争，打仗以后也要继续干，或者重新干。"① 党的十一届三中全会以来的 14 年中，尽管国际政治经济格局发生了重大变化，国内也出现过这样那样的事件，但是，在和平与发展成为时代主题的历史条件下，我们坚持党的基本路线，坚持以经济建设为中心，在改革开放和现代化建设方面取得了举世公认的成绩。14 年的伟大实践和成功经验表明，党的基本路线是符合全体人民利益和意志的，是完全正确的。全党和全国人民要继续下定决心，坚持党的基本路线一百年不动摇，集中精力把经济建设搞上去。当前，要紧紧抓住有利时机，加快改革开放和现代化建设的步伐。同时，也要注意实事求是、量力而行。要走出一条既有较高速度又有较好效益的国民经济发展的新路子。

坚持党的基本路线不动摇，必须坚定不移地坚持四项基本原则，坚定不移地坚持改革开放，二者是统一的。坚持四项基本原则离不开改革开放。社会主义只有通过改革开放，不断改革生产关系和上层建筑中同生产力发展要求不相适应的环节，才能有蓬勃的生

---

① 《邓小平文选》第二卷，人民出版社 1994 年版，第 249 页。

命力，才能充分发挥出社会主义的优越性。同时，我们的经济建设和改革开放要顺利健康地进行下去，必须有坚定明确的政治方向，必须排除一切导致国家混乱甚至动乱的因素，保持安定团结的政治局面和良好的社会环境。没有政治稳定和社会安定就一切都谈不上。四项基本原则和改革开放的原则规定都是载入现行宪法的，都是党的基本路线不可分割的组成部分，并统一服务于经济建设这个中心的。在把握"一个中心、两个基本点"的问题上，我们要警惕右，但主要是防止"左"，以提高贯彻执行党的基本路线的自觉性。

加快改革开放和现代化建设步伐，必须解放思想，实事求是。党在十一届三中全会前后，领导和支持了关于实践是检验真理唯一标准的大讨论。这场讨论冲破了个人崇拜和"两个凡是"的思想束缚，重新确立了解放思想、实事求是的思想路线，为我国改革开放的启动和现代化建设的发展，提供了思想前提，具有重大的意义。可以说，14年来我们在改革开放和现代化建设的各个领域里取得的成绩，都是与我们坚持解放思想、实事求是的思想路线分不开的。解放思想同实事求是是统一的，就是要求我们的思想认识符合客观实际，不断破除落后的传统观念，摈弃对马克思主义的某些原则的教条式理解，澄清对社会主义的不科学的甚至扭曲了的认识，正确把握我国社会主义初级阶段的具体国情，使思想适应发展变化的新形势。我们要继续坚持把马克思主义基本原理同中国具体实践相结合，用建设有中国特色的社会主义理论武装头脑，把党的路线、方针、政策同本地区、本部门的具体情况结合起来，勇于创新，大胆试验，及时总结经验，创造性地开展工作。

党的十四大报告指出："加快我国经济发展，必须进一步解放思想，加快改革开放的步伐，不要被一些姓'社'姓'资'的抽象争论束缚自己的思想和手脚。"只要是有利于发展社会主义社会的生产力，有利于增强社会主义国家的综合国力，有利于提高人民生活水平的，就要坚定不移地干下去。社会主义社会是人类社会发展长河中的一个历史阶段，它只有在吸取人类社会创造的一切文明成果的基础上才能建成。在改革开放和社会主义现代化建设中，我们不仅必须吸收国际上的先进科学技术知识，也必须吸收和借鉴外国一切反映现代社会化生产和市场经济规律的先进经营方式和管理经验。这样，才有利于我国社会主义事业的发展，有利于早日跻身于世界经济强国的行列。

党的十四大确定我国经济体制改革的目标是建立社会主义市场经济体制。这就从根本上解除了把计划经济和市场经济看做属于社会基本制度范畴的思想束缚，是认识上的重大突破。当前，重要的是抓好转换国有企业特别是大中型国有企业的经营机制，加快市场体系的培育，深化分配制度、社会保障制度的改革，加快政府职能的转变。要更新计划观念，改进计划方法，把计划的重点放在确定经济、社会发展的目标上，搞好经济发展预测、总量平衡、重大结构与生产力布局的规划等。要大力发展全国的统一市场，进一步扩大市场的作用，并根据客观规律的要求，运用经济杠杆、法律手段以及必要的行政管理，引导市场健康发展。

二、贯彻实施宪法，就要积极推进政治体制改革，使社会主义民主法制建设有一个较大的发展。

民主和法制是现代文明国家的重要标志之一。人民民主是社会主义的本质要求和内在属性。没有民主就没有社会主义，就没有社会主义的现代化。邓小平同志曾经说过，为了保障人民民主，必须加强法制。必须使民主制度化、法律化，使这种制度和法律不因领导人的改变而改变，不因领导人的看法和注意力的改变而改变。这是加强社会主义民主和法制建设一个极重要的指导思想。

宪法根据一切权力属于人民和民主集中制的原则，对我国国家机构的设置和政治体制改革作出了一系列重要规定。党的十四大明确提出，适应经济体制改革和经济发展，必须按照民主化和法制化相结合的要求，积极推进政治体制改革，使社会主义民主和法制有一个较大的发展。人民代表大会制度是我们国家的根本政治制度，它体现了工人阶级领导的、以工农联盟为基础的人民民主专政的社会主义国家的根本性质，是人民当家作主的最好形式。我们要按照宪法的规定和党的十四大的要求，进一步完善人民代表大会制度，加强人大及其常委会的立法、监督等职能，更好地发挥人民代表的作用。明年年底以前，各级人民代表大会都将换届。做好这次换届工作，对于坚持党的基本路线，完善人民代表大会制度，具有重要意义。对这次换届工作要高度重视，精心组织，周密安排，保证其顺利进行。在换届选举过程中，要充分发扬民主，严格依法办事。要把那些模范遵守宪法和法律，能够代表人民利益和意志的公民选为代表。要按照"革命化、年轻化、知识化、专业化"的方针和德才兼备的原则，把那些执行党的基本路线政绩突出、勇于改革、开拓进取的优秀人才，选进各级国家机关的领导班子。

"长期共存、互相监督、肝胆相照、荣辱与共"，是中国共产党与各民主党派和无党派爱国人士建立亲密关系的准则。我们要继续完善共产党领导的多党合作与政治协商制度，切实发挥各民主党派和各界爱国人士参政议政和民主监督的作用，支持民主党派和无党派人士在国家机关担任领导职务，更加紧密地联系和团结各阶层群众，以利于在新的历史时期继续巩固和发展广泛的爱国统一战线。

要切实保障宪法规定的公民的各项权利和自由，继续完善保护公民权利的各项法律，从制度上和物质上为公民行使权利提供保证。对于侵犯公民权利的行为，必须予以追究和制裁。要按照有关法律的规定，继续加强乡镇政权的组织建设、制度建设。要切实发挥居民委员会和村民委员会的作用，使广大人民群众积极参与政治、经济、社会生活的管理。要坚持和健全民主集中制，各级领导机关和领导干部要实行从群众中来、到群众中去的群众路线的工作方法，善于倾听群众的意见和呼声，保持同人民群众的血肉联系，推进决策的科学化和民主化。同时，也要抓紧制定推进社会主义民主政治建设、维护社会稳定等方面的法律。

社会主义市场经济体制的建立，对我国的法制建设也提出了新的要求。社会主义法制建设是社会主义市场经济体制建设的不可分割的组成部分，没有法律的保障，社会主义市场经济体制就不可能确立和完善起来。党中央提出要在90年代初步建立社会主义市场经济体制，然后再用20年时间，使这一体制更加定型和完善。为此，我们要在90年代初步形成与社会主义市场经济相适应的法律体系，并随着新经济体制的逐步完善和定型，使法律体系相应地完善和定型。这是一项繁重而又紧迫的任务。要高度重视法制建设，特别是加快经济立法的步伐，围绕建立社会主义市场经济体制的要求，尽快制定一批规范市场主体行为、规范市场经济秩序、加强宏观调控以及社会保障等方面的法律，以适应社会主义市场经济体制的需要。对以往制定的不适应社会主义市场经济要求的法律、法规，应当及时修改或废除。建立与社会主义市场经济体制相适应的法律体系是一项新课题，要进一步解放思想，更新观念，大胆借鉴外国特别是经济发达国家在立法方面的经验和成果，结合我国的实际情况，加以改造、吸收，为我所用。

建立社会主义市场经济体制对各级执法部门也提出了更高的要求。必须下大力量改变有法不依、执法不严、违法不究的状况。执法机关要加强自身建设，提高执法人员素质和执法水平。要保障人民法院和人民检察院依法独立行使审判权和检察权。在适用法律过程中，要严格遵守法律面前人人平等的原则，依法严格区别违法与合法、罪与非罪的界限，既要严厉打击各种犯罪活动，又要切实保护人民群众的合法权益，巩固和发展改革开放和社会主义现代化建设的成果。

三、贯彻实施宪法，就要维护宪法，遵守宪法，以宪法为根本活动准则。

中国共产党和中国人民从历史的经验和教训中已经深刻地认识到，宪法的权威关系到我国政治的安定和国家的命运，决不允许对宪法根基的任何损害。人民是实施宪法的最深厚的基础和最基本的力量。亿万人民增强宪法意识，养成遵守宪法、维护宪法的观念和习惯，同违反和破坏宪法的行为进行斗争，这是一个伟大的力量。我国是一个有几千年封建社会历史的国家，缺乏法制的传统，经济文化总的来说又比较落后。在一些干部和群众中，有法不知道，知道不执行的现象，至今还相当普遍。这种状况同我们建设富强、民主、文明的社会主义国家的要求是很不适应的。为了加强社会主义法制，必须把宪法和法律交给群众，让群众掌握法律武器，自觉地遵守宪法和法律，养成依法办事的观念和习惯，并且学会运用宪法和法律武器维护自己的合法权益。为此，需要做大量的、长期的法制宣传教育工作。当前，要在普法活动中继续把普及宪法知识作为重点，进一步提高广大干部群众的法制观念和宪法意识，保障宪法和法律的实施，坚持依法办事，严肃执法，促进依法治国和依法管理各项事业。宣传部门和新闻媒介应当把宣传宪法作为自己的重要职责和长期任务，努力发挥舆论监督作用。

党章明确规定："党必须在宪法和法律的范围内活动。"党领导人民制定宪法和法律，党也领导人民遵守宪法和法律。宪法和法律是党的主张和人民意志的集中体现。共产党员遵守和执行宪法、法律，就是服从全国人民的意志，就是服从党的领导。因此，从中央到基层的一切党的组织和党员的活动，都要自觉地纳入宪法和法律的范围，不得与之相抵触。各级党组织还要经常教育和监督党的干部和党员带头遵守宪法和法律。

贯彻实施宪法，还要求全国人大和全国人大常委会认真把监督宪法实施的职责承担起来。要加强对法律、法规是否违宪的审查，对任何违宪行为都要坚决纠正。地方各级人大及其常委会都要在本行政区域内保证宪法的遵守和执行。

宪法归根到底来源于社会实践。我国现行宪法是我国人民在党的十一届三中全会以来建设有中国特色社会主义的伟大实践所积累的丰富经验的高度概括和集中体现。随着我国改革开放和社会主义现代化事业的不断发展，必然还会有些重要的新鲜经验和新的认识，从而需要依照法定的程序对宪法的某些规定作必要的修改和补充。全国人大常委会要很好地运用解释宪法的职能，对宪法实施中的问题作出必要的解释和说明，使宪法的规定得到更好的落实。

同志们，朋友们！

宪法是我国新的历史时期治国安邦的根基。全国各族人民、一切国家机关和武装力量、各政党和各社会团体、各企业事业组织，都应当把维护宪法尊严、保证宪法实施作为自己的职责。只要我们严格以宪法为根本的活动准则，就一定能够坚持党的基本路线，健全社会主义民主法制，保证党的十四大提出的各项任务的完成，保证社会主义现代化建设的顺利进行。

进一步加强社会主义
民主法制建设 *

（1993 年 3 月 28 日）

　　八届全国人大及其常委会在完善人民代表大会制度和加强社会主义法制建设方面负有十分繁重的任务，尤其是在为建立社会主义市场经济体制服务的经济立法方面有大量工作要做。去年邓小平同志视察南方发表重要谈话和党的十四大以后，中国加快了经济发展的步伐。由于确定了以建立社会主义市场经济体制作为经济体制改革的目标，我国的改革必将更加深入。这次会议提出的今后五年经济建设的基本任务和"抓住机遇，加快发展"的方针将更加深入人心。这种形势对社会主义民主和法制建设提出了新的要求。八届全国人大常委会将以邓小平同志建设有中国特色社会主义理论和党的十四大精神为指导，进一步加快立法进程，为中国的现代化建设提供良好的法律保障。

　　改革开放以来，经过十多年不间断的努力，我们已经有法可依了，但是有许多法律还不健全。同时，随着社会的进步，过去制定的一些法律，现在有些已不适用了，有的要修改，有的需要重新制定。

　　中国所有的法律都要有利于把经济建设搞上去的总目标，要有

＊　这是乔石同志当选八届全国人大常委会委员长后接受新华社记者采访时的谈话要点。

利于国家的稳定和团结。我国是个有古老文明的国家，历史上有民主和法治的好做法可以继承和发扬；但也有不好的影响，需要坚持不懈地加以克服。我们要致力于建设一个符合中国实际的具有广泛社会主义民主和法制健全的国家，以保障社会主义现代化建设的顺利发展。进一步完善人民代表大会制度，加强人民代表大会及其常委会的立法和监督等职能，更好地发挥人民代表的作用，是建设有中国特色的社会主义民主政治的重要内容。本届全国人大常委会要继续努力在这方面做出成绩。

目前一些地方和部门出现了有法不依、执法不严，甚至以言代法、以权压法的情况。八届全国人大及其常委会将进一步加强执法检查，把法律制定后监督检查其实施放在与制定法律同等重要的地位。这是加强社会主义民主建设，促进依法治国的一项重要措施。

为有效遏制各种犯罪，实现社会治安的不断好转，要在坚持依法严厉打击各种严重刑事犯罪和严重经济犯罪的同时，进一步加强基层组织建设，发动全社会的力量，进行社会治安的综合治理。社会治安综合治理是一项宏大的系统工程，它包括打击犯罪、治安防范、基层建设、加强教育管理、做好就业安置等多方面的工作，因此，多干实事，不搞形式主义，对于搞好社会治安综合治理极为重要。实现中国社会主义现代化的第二步战略目标，一个重要的条件就是要继续保持安定团结的政治局面，继续保持社会的安定。没有稳定，什么事情也干不成。这是中国社会主义现代化建设一条极为重要的基本经验。

全面履行宪法和法律赋予的职责
推进社会主义民主政治建设*

（1993 年 3 月 31 日）

各位代表：

八届全国人大一次会议，在全体代表的共同努力下，完成了各项预定的任务，取得了圆满成功。

这次会议充分发扬民主，严格依法办事，大家畅所欲言，共商国是，是一次民主、团结、求实、奋进的盛会。代表们从全国各族人民的根本利益出发，以高度的主人翁责任感，认真履行宪法和法律赋予的职责，使会议通过的各项决议和决定，充分表达了全国各族人民的意志。会议审议批准的李鹏总理所作的《政府工作报告》，明确提出了今后五年我国改革和建设的任务。完成这些任务将使我国的国民经济迈上一个新的台阶。会议审议通过了宪法修正案，这是一件具有深远意义的大事。修改后的宪法将在建设有中国特色社会主义的伟大事业中发挥巨大的作用。会议审议通过了澳门特别行政区基本法，这符合全国各族人民包括澳门同胞的根本利益。它与香港特别行政区基本法一样，将载入我国的史册。会议审议通过的全国人大《关于授权全国人大常委会设立香港特别行政区筹备委员会的准备工作机构的决定》，有利于保证 1997 年香港政权的平稳过渡和我国恢复对香港行使主权。全体代表经过充分酝酿，反复协

---

* 这是乔石同志在八届全国人大一次会议上的讲话。

330

八届全国人大常委会委员长乔石在八届全国人大一次会议上。

商，依法选举和决定了新的一届中央国家机构领导人员，为承前启后，继往开来，加快改革开放和现代化建设的步伐，提供了组织保证。这次会议必将进一步鼓舞全国各族人民，满怀信心地实现党的十四大和本次大会确定的各项任务。

大会选举我担任八届全国人大常委会委员长，并选出了副委员长、秘书长和委员。这是代表和全国各族人民对我们的信任，我们表示衷心的感谢。我们一定不辜负代表和全国各族人民的重托与期望，同全体代表一道，以对国家和人民高度负责的精神，严格依照宪法和法律的规定，竭尽全力把工作做好。

七届全国人大及其常委会在五年任期内，坚持以建设有中国特色社会主义的理论和党的基本路线为指导，认真行使宪法赋予的职权，把保证和促进改革开放作为首要职责，把加强社会主义民主和法制建设作为根本任务，在保障改革开放和社会主义现代化建设的顺利进行方面发挥了重要作用。万里同志在担任第七届全国人大常委会委员长期间，坚定不移地坚持建设有中国特色社会主义的理论和党的基本路线，辛勤工作，尽职尽责，为加快改革开放和推进社会主义民主法制建设，作出了重大贡献。请允许我代表八届全国人大，向万里同志致以崇高的敬意！向七届全国人大常委会各位副委员长和委员，向七届全国人大代表，表示由衷的敬意和感谢！

八届全国人大任期的五年，是我国建立社会主义市场经济体制、实现现代化建设第二步发展目标的关键时期。八届全国人大要在前几届人大工作的基础上，继续坚持以建设有中国特色社会主义的理论和党的基本路线为指导，围绕经济建设这个中心，全面履行宪法、法律赋予的职责，推进社会主义民主政治建设，巩固和发展安定团结的政治局面，保证和促进改革开放和社会主义现代化建设的顺利进行，动员全国各族人民为提前实现翻两番的战略目标，并为贯彻"和平统一、一国两制"的基本国策，积极推进祖国统一大业，作出新的更大的贡献。

加强社会主义民主和法制建设，是我国实现四个现代化的重要保证。没有民主和法制就没有社会主义，就没有社会主义现代化。邓小平同志早在1978年就说过，为了保障人民民主，必须加强法制。必须使民主制度化、法律化，使这种制度和法律不因领导人的改变而改变，不因领导人的看法和注意力的改变而改变。这是我们加强社会主义民主和法制建设一个极为重要的指导思想。从根本上说，社会主义为充分实现人民当家作主，把民主推向新的历史高度开辟了道路。根据我国的实际情况，这是个不断前进和发展的进程，同时也是我们面临的一项紧迫任务。我们必须为之作出坚持不懈的努力，要进一步扩大社会主义民主，健全社会主义法制。宪法规定，我们国家的一切权力属于人民。国家，由人民当家作主才能兴旺；国家机关，有人民支持才有力量。人民代表大会制度是人民当家作主的最好组织形式。八届全国人大要继续把加强社会主义民主和法制建设作为根本任务，努力使社会主义民主和法制建设有一个较大的发展。要坚持和完善人民代表大会制度，加强人大及其常委会的各项职能，使全国人大更好地履行最高国家权力机关的崇高职责。

建立社会主义市场经济体制，是加快我国经济发展的必由之路。社会主义市场经济体制的确立和完善，必须有完备的法律作保障。八届全国人大要围绕深化改革、扩大开放、建立社会主义市场经济体制，以改革的精神加快立法步伐，特别是要把经济立法放在最重要的位置。要尽快制定一批规范市场主体行为、维护市场经济秩序、完善宏观调控以及社会保障等方面的法律。对以往制定的某些不适应社会主义市场经济要求的法律，要及时修改或废止。要大

1993 年 3 月 31 日，乔石在北京人民大会堂会见并宴请出席八届人大一次会议和全国政协八届一次会议的港澳地区代表和委员。前排左起：霍英东、乔石、田纪云、马万祺。

胆借鉴外国特别是经济发达国家在立法方面的经验和成果，结合我国的实际，加以改造、吸收。要力争在本届全国人大任期内，初步形成社会主义市场经济法律体系，推动和保障社会主义市场经济的发展。与此同时，也要抓紧制定保障公民权利，惩治犯罪，维护社会治安，加强廉政建设以及促进科学、教育、文化发展和国防建设等方面的法律。

监督宪法、法律的实施和监督国务院、最高人民法院、最高人民检察院的工作，是宪法赋予全国人大及其常委会的重要职责。八届全国人大要强化对宪法和法律实施的监督，维护宪法的尊严和法制的统一；要下大力量纠正有法不依、执法不严、违法不究，以至执法犯法、以言代法、以权压法的现象；要加强对行政、审判、检察机关的工作监督；要总结监督工作的经验，促进监督工作制度化、程序化。

加强全国人大自身的建设，是发挥最高国家权力机关作用的重要条件。人民赋予我们以重托。我们一定要切实地对人民负责，始终坚持实事求是的精神，不尚空谈，不搞形式主义，不做表面文章，脚踏实地地履行自己的职责；要密切与人民群众的联系，更好地代表人民的利益和意志，接受人民的监督；要加强常委会与代表的联系，积极为代表尽职尽责创造条件；要认真贯彻民主集中制原则，坚持依法行使职权；要加强专门委员会的建设，更好地发挥专门委员会的作用；要进一步搞好全国人大及其常委会的组织和制度建设，提高工作效率和决策水平。

全国人大及其常委会的外事工作是我国对外工作的组成部分。要积极开展与外国议会的交往，增进与外国议会和人民之间的了解和友谊，促进议会间和国家间友好合作关系的发展。

各位代表！我们的任务是光荣而艰巨的。只要我们万众一心，埋头苦干，我们的目的就一定能够实现。希望各位代表回到自己的工作岗位以后，积极宣传贯彻本次会议通过的各项决议和决定，努力完成历史赋予我们的神圣使命。让我们更加紧密地团结在以江泽民同志为核心的党中央周围，为夺取有中国特色社会主义事业的更大胜利而奋斗！

各位代表！本次会议的全部议程已经进行完毕。现在我宣布：第八届全国人民代表大会第一次会议胜利闭幕！

逐步建立社会主义市场
经济法律体系 *

（1993 年 4 月 1 日）

今天举行八届全国人大常委会第一次会议。我们这个新的集体开始履行宪法赋予的职责。宪法规定全国人大常委会有 21 项职权，责任是重大的。在新的形势下，我们如何行使这些职权，做好人大工作，这是大家都在思考的问题。在这次大会上，不少代表对如何改进和加强人大工作提出了意见和建议，我们要很好研究。现在，我先谈一些初步想法，同各位商量。

本届常委会任期的五年，是实现我国现代化建设第二步战略目标的关键五年。在邓小平同志视察南方重要谈话和党的十四大精神指引下，我国改革开放和现代化建设事业，进入一个蓬勃发展的新阶段。全国上下正在抓住有利时机，加快改革开放的步伐，集中力量把经济建设搞上去，力争国民经济在讲求效益的前提下，有一个较高的增长速度，提前实现翻两番的目标。党的十四大提出，我国经济体制改革的目标是建立社会主义市场经济体制。这次大会通过的宪法修正案已把党的这一主张变为国家意志，以根本大法的形式确立下来。建立社会主义市场经济体制，涉及经济基础和上层建筑的许多领域，必须要有相应的社会主义民主和法制作保证。本届常委会要从国家这一总的形势和任务出发，坚持以邓小平同志建设有

---

* 这是乔石同志在八届全国人大常委会第一次会议上的讲话。

336

中国特色社会主义的理论和党的基本路线为指导，把加强社会主义民主和法制建设作为根本任务，保证党的基本路线的贯彻实施，保证党的十四大和八届全国人大一次会议提出的各项任务的完成，推进社会主义市场经济体制的建立和逐步完善。对于这个任务的重要性、紧迫性和繁重性，我们要有足够的认识和思想准备。目前，要从加快经济立法、健全监督机制、增强同代表和人民群众的联系、搞好自身建设等方面，努力发挥国家权力机关应有的作用。

一、加快经济立法

本届全国人大常委会要把加快经济立法作为第一位的任务，尽快制定一批有关社会主义市场经济方面的法律。市场经济要求有健全的法制。它与高度集中的计划经济主要靠行政手段管理有根本的不同。现代国家经济发展的历史证明，没有完备的法律规范和保障，各种社会经济活动无所遵循，就必然出现混乱。我们要建立社会主义市场经济体制，并且要比资本主义条件下的市场经济运转得更好，那就更需要法律的引导、规范、保障和约束。在 90 年代，我们要初步建立起社会主义市场经济体制，就必须相应地逐步建立起社会主义市场经济的法律体系。现实生活已经给我们提出了这方面的迫切要求。目前全国登记注册的各类公司达 48 万多家，这是市场经济发展中的必然现象，总的说是正常的、健康的，但其中有不少是"翻牌"公司；经济发展带来了市场繁荣，但假冒伪劣商品屡禁不止；完善市场经济发展的宏观调控手段，还需要作艰巨的努力。这些问题的解决，在很大程度上有赖于法律的完备。抓紧制定和修改经济方面的法律，是发展社会主义市场经济的客观需要，是保护公平竞争、促进市场发育、建立市场经济秩序、完善宏观调控和保护公民权益的有力手段。它关系到改革开放的全局，关系到社会主义市场经济体制能否顺利地建立，从而直接影响着我国在90年代能否把整个国民经济提高到一个新水平，能否加入国际竞争的行列。为此，本届常委会要在制定有关市场经济的法律方面迈出较大的步伐，这是我们的首要职责。

制定社会主义市场经济方面的法律，对我们来说是一个新课题。首先，我们应当对社会主义市场经济法律体系，进行总体上、法理上的研究。适应社会主义市场经济发展的要求，究竟需要制定哪些法律？当前急需制定的又是哪些法律？要有通盘考虑，合理部署。要深入探讨我国市场经济发展的特点和规律。思想要解放，视野要开阔，观念要更新，要以积极的态度对待立法中遇到的问题和难点。我们制定的法律，要力求符合经济发展的客观要求，有利于进一步解放和发展生产力。由于认识有个过程，有的法律制定出来时，可能不那么完备，可随着实践的发展逐步完善。有的同志反映，对某些经济活动，先有个粗线条的法律来规范，比因缺乏必要的法律依据，以致搞乱了再来整顿，要较为有利。有的尚不具备条件制定全国性法律的，也可先搞行政法规和地方性法规。邓小平同志1978年就指出，立法的工作量很大，法律条文开始可以粗一点，逐步完善。有的法规地方可以先试搞，然后经过总结提高，制定全国通行的法律。修改补充法律，成熟一条就修改补充一条，不要等待"成套设备"。总之，有比没有好，快搞比慢搞好。这些意见，对于我们当前的立法工作，仍具有重要的现实指导意义。其次，起草法律，要从大局出发，从人民的根本利益着眼，避免从部门的利益出发。要加强对起草法律的统一协调工作，统筹兼顾，协调好上下左右的关系，使起草的法律体现市场经济公平、公正、公开、效率的原则，有利于形成全国统一的开放的市场体系。还要注意法律与法律之间的衔接，不能互相冲突，特别是不能同宪法及基本法律相冲突。第三，要进一步完善立法体制，加快法律的起草工作。常委会要加强立法的计划性和主动性，组织各方面的力量参加法律的起草工作。有些法律草案由国务院主管部门负责起草；有些涉及改革和建设全局的法律草案，可以由常委会或有关专门委员会牵头组织拟定；有些法律草案可以组织大专院校、科研单位的专家、学者起草。第四，要大胆吸收和借鉴国外立法经验。人类社会的一切文明成果，包括西方发达国家的立法经验，都要结合我国实际加以改造、吸收，为我所用。市场经济已经有几百年的发展历史，尽管在不同的社会制度下会有一些不同特点，但它运行的基本规律，如价值规律、供求规律是相同的，竞争机制、资源配置原则也是相同的。当今的世界经济已经发展到这样的阶段，它使一个国家统一和开放的市场体系，必然具有国际化的趋向。因此，在制定市场经济方面的法律时，必须借鉴国外经验，注意与国际上的有关法律和国际惯例相衔接，这样才有利于我国经济参与国际竞争，有利于吸引外商投资。

除了加快制定经济方面的法律外，还要抓紧制定推进民主政治建设和保障公民权利方面的法律，惩治各种犯罪活动、维护社会治安和加强廉政建设方面的法律，促进科学、教育、文化的发展和国防建设等方面的法律。同时，还要根据现代化建设和改革开放进一步发展的需要，及时对过去制定的一些不适应现实情况的法律进行修改。要总结换届选举的经验，对选举法和地方组织法作必要的修改，进一步完善选举制度。制定法律后，需要抓紧制定实施细则与之配套。常委会还要充分运用解释宪法和法律的职权，对一些法律问题作出解释和说明。

二、健全监督机制

本届常委会在抓紧立法的同时，还必须健全监督机制，做好监督工作。人大监督是整个国家监督体制的重要组成部分。它是代表国家和人民进行的具有最高法律效力的监督。加强这种监督，有利于正确决策，减少失误；有利于国家机构的合理、高效运转；有利于防止和消除腐败现象。在加快改革开放、实现由传统的高度集中的计划经济体制向社会主义市场经济体制转换的过程中，更需要发挥国家权力机关的监督作用。

常委会要重点抓好法律监督，保证宪法和法律的有效实施。首先，要把监督宪法实施的责任承担起来。要进一步制定和完善监督宪法实施的具体制度和程序，健全监督宪法实施的机构。对某些同宪法和法律相抵触的行政法规、地方性法规以及行政规章等，要分别交有关的专门委员会进行审查，提出纠正意见，报常委会决定。常委会要继续把法律实施情况的检查监督放在同立法同等重要的位置，有计划有重点地开展执法检查，并把听取和审议执法检查情况的汇报列入常委会会议议程。这要作为一项重要制度坚持下去。对检查出来的问题，要督促有关部门抓紧解决，并将解决的情况向常委会作出汇报。为了加强对宪法和法律的宣传，促使对法律实施情况的检查监督取得更大成效，要充分发挥报刊、广播、电视等舆论手段的作用。对违宪违法的典型案件，可以组织调查，有的可以通过舆论工具公之于众。还要继续做好普法教育工作，进一步增强广大干部和群众依法办事的观念和能力，坚决同各种违法现象作斗争。

常委会的工作监督，主要是支持和督促政府认真执行国民经济和社会发展的十年规划和"八五"计划，落实党的十四大和八届全国人大一次会议确定的各项任务。要继续坚持每次常委会会议，围绕改革和建设的重大问题和人民群众关心的"热点"问题，听取和审议国务院、最高人民法院、最高人民检察院的工作汇报的制度；坚持每年第三季度听取国务院关于计划和预算执行情况的汇报的制度。邓小平同志指出，廉政建设要靠法制。常委会要督促国家审判机关、检察机关和行政监察部门严肃执法，不徇私情，不受任何干扰，认真查处大案要案，坚决惩治腐败，抓出成效，取信于民。常委会还要不断总结人大监督的经验，对监督的内容、形式和程序作出明确规定，使监督工作进一步规范化。

三、加强同代表和人民群众的联系

加强同代表和人民群众的联系，是国家权力机关保持旺盛生命力的源泉所在，是做好人大工作的基础。我们这个集体是受代表大会的委托，代表人民行使职权的，必须向代表大会负责，向人民负责，接受人大代表和广大群众的监督。人民的根本利益和共同意志，是我们各项工作的出发点和目的。常委会要进一步加强同代表和人民群众的联系，使制定的法律和作出的决议、决定，符合人民的愿望和要求，符合改革开放和社会主义现代化建设事业的实际。

全国人大代表近三千人，他们工作在各条战线、各个岗位，有丰富的实践经验，最了解群众的呼声和要求。常委会要继续坚持同省、自治区、直辖市人大常委会共同联系全国人大代表的做法，紧紧围绕常委会审议、决定的问题，做好联系工作。常委会会议召开前，应就会议的主要议题和内容，征求有关代表的意见，为会议审议做好准备。继续坚持每次常委会会议邀请部分代表列席的制度。常委会和专门委员会可以根据需要，召开各种类型的代表座谈会，直接听取代表的意见。要认真办理代表提出的议案和建议、批评、意见。常委会要努力为代表履行职务提供必要的条件。

常委会组成人员要坚持走群众路线，深入调查研究，充分反映人民群众的意见。视察是联系群众的重要方式。要进一步改进视察工作，有计划有重点地开展视察活动，针对现实生活中某些重大问题，提出视察报告。要重视人民群众的来信来访，进一步健全信访工作制度。要采取多种形式，密切同群众的联系，畅通民主渠道。

近十多年来，地方人大工作有很大进展，在坚持和完善人民代表大会制度方面作了可贵的探索，积累了一些经验。常委会要继续加强同地方人大的联系，学习、推广地方人大工作的一些好的经验，支持他们依法行使职权。要坚持每次常委会会议邀请省、自治区、直辖市人大常委会负责人列席的制度。还可根据需要，召开地方人大常委会负责人的座谈会，总结和交流人大工作的经验，共同把人大工作做好。

四、搞好自身建设

加强人大常委会自身建设，特别是组织制度建设，是做好人大工作的重要条件。我们这届常委会组成人员中，有三分之二的同志是新当选的，这些同志有长期在政府机关或其他部门工作的经验。人大工作有自己的特点和规律，这就要求我们适应情况的变化，在工作习惯和工作方法上有所改变。要努力学习理论，学习法律。熟悉宪法和选举法、组织法、代表法、议事规则等法律，是我们每个同志必须具备的基本业务素质。相信大家会很快地适应新的情况，发挥各自的才能和智慧，在工作中作出贡献。

我们这个集体要认真实行民主集中制原则。人大工作的特点是集体行使职权，集体作出决定。在审议各项议案时，要充分发扬民主，畅所欲言，各抒己见，各种不同意见都可以发表，经过充分的讨论和交流，集中大家的智慧，努力做到决策民主化、科学化。在决定问题时，大家拥有的权力是完全平等的，必须严格遵循少数服从多数的原则。要特别注意按照民主的形式、民主的程序、民主的规则办事。经过前几届的努力，常委会在议事规则和决定问题的程序等方面，已经有了许多规定。我们要在这一基础上进一步充实、完善和修订，不断提高常委会的议事效率。

本届常委会大多数委员参加了专门委员会的工作。专门委员会是全国人大的常设工作机构，在大会闭会期间受全国人大常委会领导，大量的经常性工作要靠专门委员会去做，任务是繁重的。希望大家集中精力做好常委会和专门委员会的工作，其他社会活动应当尽量服从人大工作的需要。常委会和专门委员会的办事机构要与人大的工作任务相适应。应本着精简、高效的原则，建立一个精干的工作人员队伍，实行严格考核和工作责任制，不断提高这支队伍的素质，提高办事效率，更好地为人大及其常委会开展工作服务。人大机关是一个统一的整体，各部门、各单位要相互支持，密切配合。根据宪法规定，委员长会议负责处理常委会的重要日常工作。要通盘考虑，统筹安排，加强对机关各部门的集中统一领导。常委会秘书处在委员长领导下工作，是常委会的日常办事机构。要经常了解情况，研究问题，提出解决问题的方案；协调好各专门委员会、办公厅、法工委的工作。

这次会后，要抓紧做好以下几件事：第一，制定本届常委会任期五年的工作要点，提交下次常委会会议讨论。第二，制定五年立法规划，以及今明两年具体实施的计划。第三，对人大各种会议的议事规则和工作制度，要在总结经验的基础上进行修改，进一步完善。第四，外事工作也是常委会工作的重要组成部分，要统一安排，提出具体方案。第五，还要制定常委会组成人员守则，以便更好地履行职责。

同志们！人民代表大会制度是我国的根本政治制度。它是我们党长期进行人民政权建设的经验总结，是人民当家作主的最好组织形式。新中国成立以来，特别是近14年来的实践证明，人民代表大会制度体现了我们国家的性质，符合我国国情，既能保障全体人民统一行使国家权力，充分调动人民群众建设社会主义的积极性，又有利于国家政权机关互相配合、协调一致地工作。当然，这个制度还需要不断健全。我们要在前几届工作的基础上，进一步改进和加强人大工作，继续坚持和完善人民代表大会制度，推进社会主义民主政治建设。我们的目标是建设一个符合中国实际的民主的、法制健全的社会主义社会，我们要同心协力地为之奋斗。

加强经济立法工作 *

（1993 年 4 月）

这届全国人大肩负的立法任务很重。因为去年小平同志视察南方后，全国加快了改革开放和经济发展的步伐。党的十四大又明确提出了建立社会主义市场经济体制的目标，八届人大一次会议已把这一条载入宪法。建立社会主义市场经济体制，是加快我国经济发展的必由之路。但这个体制的确立和完善，必须有完备的法律作保障。

在社会主义制度下，我们的国家是人民当家作主的，人大代表要充分代表人民的意志来行使权力。但要真正将这项工作做好，还必须下大力量用相当的时间才能做到。我们要充分认识到加强民主必须同加强法制结合起来，没有法制建设作保证，民主也不可能搞好。世界上不存在绝对的民主，民主不是你想怎样就怎样，我想怎样就怎样。如果人人都按自己的准则来行事，整个社会就会乱了套。

还需要看到，中国是个有几千年历史的国家，一直存在着搞法治还是搞人治的问题。各个朝代都有一些主张法治的好传统，如"王子犯法，与庶民同罪"等，这些好的东西我们当然应该继承。但我们国家也有另一方面的不好传统，那就是封建思想的影响、人

＊ 这是乔石同志在广东考察期间（1993 年 4 月 13—19 日）谈话的一部分。

治思想的影响。这对建设法治社会影响很大，干扰很大。我们对此要有足够的估计，在推进民主与法制建设的进程中，要下很大的决心，坚定不移地排除这方面的阻力。

当前摆在我们面前的一个迫切任务，就是要认真研究在社会主义市场经济的总框架里加强立法，加快经济立法的工作。最近全国人大搞了一个"公司法"，因为据不完全统计，全国有四十八万多个公司，但一直没有一个管公司的法律，实际上还是无法可依。在农业方面，也准备搞个"农业基本法"，用法律的形式把基本的东西确定下来，以稳定农业的基础地位。金融方面的立法也很迫切。共和国建立几十年来，人民银行像个大出纳库，它起的宏观调控作用，主要就是限制货币发行，或增加货币投放，除此之外，其他办法不多。这不是说人民银行不好，而是说它几十年就是这么过来的，所以一碰到市场经济条件下的宏观调控等问题，就难以很好地处理，一时也不知道该怎么办。至于如何体现资源的合理配置，就更谈不上了。金融立法涉及问题很多，很复杂，不容易搞，需要认真研究。

制定社会主义市场经济方面的法律法规，对我们来说是一个崭新的课题。立法的指导思想，就是小平同志早在 1978 年说过的一段话，即：为了保障人民民主，必须加强法制。必须使民主制度化、法律化，使这种制度和法律不因领导人的改变而改变，不因领导人的看法和注意力的改变而改变。立法的步骤和方法，也要按照小平同志说的那样办：法律条文开始可以粗一点，逐步完善。有的法规地方可以先试搞，然后经过总结提高，制定全国通行的法律。修改补充法律，成熟一条就修改补充一条，不要等待"成套设备"。我觉得，在立法时，我们要遵循一个共同的基本观念，即立法的出发点，必须是从国家的总体利益和人民群众的长远利益出发，而不能从部门、地方的利益出发。地方立法也要与全国立法相辅相成。同时，我们在立法时还要大胆吸收和借鉴国外立法经验，注意与国际上的有关法律和国际惯例相衔接。对有些国家和地区立法工作搞得比较好，或在某些方面搞得比较好的，我们都可以学习、借鉴。如新加坡的某些法律对我们就很有借鉴作用，有些适合我们的条文，我们可以加以吸收，然后在实践中改进、充实、完善。

广东改革开放比较早，积累的经验也比较多，希望在制定社会主义市场经济的法律法规方面也能先走一步，多提供经验，多反映要求，成为全国经济立法工作的一个试验地区。今后需要进行全国性经济立法时，有些可以从你们这里开始试办，看看情况，再逐渐完善、铺开；不在你们这里试办的，也可以多听听你们的意见。我赞成你们根据需要多搞一些地方性法规。因为全国范围太大，形势发展这么快，各地情况又有差异，有关的经济立法都依靠全国人大来搞，短期内恐怕做不到。就算是全国人大已经立了法的，有的可能比较原则，需要地方从实际出发制定实施细则。你们制定地方法规时，如果全省的条件还不成熟，可以在深圳、珠海两个经济特区先试验。如果需要的话，可以请全国人大常委会和中央有关部门给予指导帮助。如果碰到与全国性法律、法规不协调或相矛盾的情况，你们可以主动提出来商议。如果你们的确实好，我们可以通过司法解释，通过一定的手续，使其合法化。在这方面，你们不要有太多的顾虑，顾虑太多了就什么事都办不成。

加快立法步伐
努力实现监督制度化 *

（1993 年 4 月 30 日）

今天上午，曹志① 同志汇报了纪云② 同志在 28、29 日两天同各专门委员会负责人座谈的情况，纪云、汉斌③ 同志和专门委员会的一些负责同志对如何搞好八届全国人大的工作，提出了一些想法。我同意大家的意见。

八届全国人大各专门委员会组成人员有三分之二是新进的，许多同志既有丰富的实践经验，也有一定的理论水平，比前几届也年轻些，阵容比较强，配备得比较好。人大工作对新进入专门委员会的同志来说，无论是从中央部门来的，还是从地方来的，都是一项新的工作，只要努力，"一回生、两回熟"，是可以很快胜任的。相信大家在新的岗位上，会做出新的成绩。

我在八届全国人大一次会议和八届全国人大常委会一次会议上的两个讲话中，分别引用了小平同志两段论述，一段是为了保障人民民主，必须加强法制。必须使民主制度化、法律化，使这

---

* 这是乔石同志在八届全国人大各专门委员会负责人会议上的讲话。

① 曹志，时任全国人大常委会秘书长。

② 纪云，即田纪云。时任中共中央政治局委员，全国人大常委会副委员长、党组副书记。

③ 汉斌，即王汉斌。时任中共中央政治局候补委员，全国人大常委会副委员长、党组副书记。

348

种制度和法律不因领导人的改变而改变，不因领导人的看法和注意力的改变而改变。另一段是立法的工作量很大，人力很不够，因此法律条文开始可以粗一点，逐步完善。小平同志的这些论述，对搞好人大工作有着重大的指导作用。在今后的工作中，我们要联系人大工作的实际，认真地加以贯彻。现在，我们国家正处在由传统的计划经济体制向社会主义市场经济体制转变的关键时期，人大面临的立法、监督任务非常繁重。八届全国人大要在前几届人大工作的基础上，齐心协力，抓紧工作，一步一个脚印地前进，实现我们确定的目标。

如何搞好八届全国人大的工作，我在代表大会和常委会一次会议的两个讲话中，原则上都讲了，我这里再强调一下。

第一，要以改革的精神加快立法步伐。这次代表大会修改了宪法的部分条文，已经把我国实行社会主义市场经济在宪法中确定下来。人大的工作必须在宪法的指导下，按照社会主义市场经济的要求，把初步建立社会主义市场经济的法律体系，作为我们最重要的任务。当前突出的问题是法制建设在相当程度上还落后于实践，市场经济的许多方面还是无法可依，如不加快立法速度，差距会更大。与其在有些方面将来出了问题再立法，不如按小平同志说的，粗一点先规定几条，不一定一步到位。我不是主张立法工作可以粗枝大叶，在可能的情况下，还是应当求精，但在有些问题上，因没有这方面的实践和条件，再研究也研究不出来，只能是按目前条件和可能，根据我们的认识，把已经遇到和设想到的问题用法律的形式规定下来，将来在实践中发现有不合适的再补充修改。想通过一次立法，把问题都彻底解决，那是办不到的，只能是逐步地补充、完善。我讲这些话，中心意思是立法工作要解放思想，加快步伐，还是小平同志说的那句话，"有比没有好"，"快搞比慢搞好"。

为了搞好立法工作，一是立法要注意从国家的总体利益和人民的根本利益出发，不能从某个部门或某个地方的局部利益出发，这是我们立法的出发点，必须明确。制定地方性法规也是如此，除有地方特点外，出发点也只能是国家和人民的根本利益。二是要尽快把近两年的立法计划制订出来，在此基础上，研究考虑八届全国人大这五年的立法规划，把社会主义市场经济法律体系的框架大体上建立起来。三是组织和动员各方面的力量，做好立法工作。要按现有分工，组织好队伍，注意发挥社会力量的作用。在人力、经费上有什么困难，可以提出来，想办法解决。四是要分清轻重缓急，急需的要先立。有些当前急需的法律已经比较成熟，力争早些出台，没有的要抓紧着手起草。农业基本法要有点过硬的规定，给农民打白条问题从去年下半年一再强调要解决，现在也没完全解决。没有过硬的规定，就没有力量，解决不了什么问题。农业基本法草案要争取提交常委会二次会议审议。五是有些法律可以先请一些地方搞地方性法规，一些省和有立法权的经济特区的人大可以先行一步，做一个试验，取得经验，然后全国人大再搞法律。六是要大胆借鉴外国和境外特别是发达资本主义国家和地区在立法方面的经验和成果，为我所用。不要局限于香港，新加坡华人多，我们要注意研究他们的法律。以改革精神加快立法进程，不会影响法律的严肃性和稳定性，我们是严格依照法律程序立法的。我说的不仅是经济立法，刑事、科教文卫等方面的立法任务也很重，都要在修改后的宪法指导下，加快立法步伐。

第二，要加强人大的监督工作。我们是社会主义国家，各级党组织和各级干部都要接受人民的监督。党有纪委，行政方面有监察部，司法方面有公、检、法，此外还有群众监督、舆论监督。人大监督是最高层次的国家监督。最近，我到珠江三角洲考察，有的同志反映，由于缺乏严格的监督制度，基层特别是乡、镇出现的问题很多。天津大邱庄禹作敏的问题，很大程度上是由于失去监督造成的。任何部门、任何领导干部不受监督必然要出问题。中国历史上有一些人物主张加强法治，但旧中国留给我们的封建专制传统比较多，民主法制传统比较少。在我们国家要建立起一个健全的法治社会，可能比其他国家困难更多。监督工作是人大职能的重要方面，八届全国人大要加强这项工作。目前，人大在监督方面还不够完善，不够健全，要实现监督的制度化、法制化需要做很多工作。党的十三届六中全会通过的《中共中央关于加强党同人民群众联系的决定》中，提出"建议全国人大常委会拟定实行工作监督和法律监督的监督法"，这项工作我们还没有完成。据了解，七届人大已开始研究、草拟监督法，后来因各方面的原因拖下来了，有条件时要把监督法搞出来。我们的目标是建设一个符合中国实际的、民主的、法制健全的社会主义国家。我们既要看到实现这个目标的艰巨性，也不能畏难而退。要在邓小平同志建设有中国特色社会主义理论的指导下，使中国社会主义民主和法制建设有一个较大的发展。

第三，要积极主动地开展与各国议会的友好交往。人大的外事工作是有待于加强的一项重要工作，必须放到一定的位置上，适应我们国家对外开放的形势，积极主动地开展工作。现在，美国议会老是对我国唧唧喳喳，我们没人去做他们的工作。以色列、台湾都去做美国议会的工作。人大的外事委员会优势很大，很多同志都是有外事经验的领导，处在议会的角度有些话比较好说。希望外事委员会专门研究一下这个问题。外事工作要注意重点，不要漫无边际。要有计划、有重点地搞好同外国议会的友好交往。可以采取请进来、走出去的方式，广交朋友，增进友谊。"我们的朋友遍天下"，不广交朋友怎么做到"遍天下"？人大外事工作总的出发点是，要努力为我国社会主义现代化建设和改革开放创造一个良好的国际环境。这个方面牵涉的问题很多，将来再专门研究一次。

通过法律来规范和指导
改革开放的发展 *

（1993 年 7 月 2 日）

经过大家共同努力，这次常委会会议完成了预定的各项议程。会议通过了四个法律，听取了三个法律草案的说明或汇报。这些都是促进社会主义市场经济发展的重要法律。在审议中，大家都赞成由常委会及早通过农业法。因为这个法律关系到农村经济发展和亿万农民的切身利益。它的制定和实施，对于保障农业在国民经济中的基础地位，发展农村经济，有重要意义，一定会得到广大农民的拥护。会议通过的科技进步法，是促进科学技术发展、振兴国民经济的重要法律。审议中，对于要不要把科技投入比例写进法律展开了讨论。多数同志主张，可在国务院的科技发展规划中作出规定，不一定写进法律条文。在审议关于惩治生产、销售伪劣商品犯罪的决定草案时，对量刑问题也有争议。会议充满了民主气氛。有不同意见，相互争论，是好事。这是立法决策中不可缺少的。会议通过的关于在香港特别行政区筹委会成立之前，设立全国人大常委会香港特别行政区筹备委员会预备工作委员会的决定，有利于为 1997年我国对香港恢复行使主权，实现平稳过渡，进行各项有关准备工作。这次会议还通过了八届全国人大常委会工作要点，使本届常委会的主要工作有了一个大体的规划，也便于人民群众监督我们的工

---

* 这是乔石同志在八届全国人大常委会第二次会议上的讲话。

作。实践中可以对这个要点作进一步调整和补充。会议还通过和批准了其他一些议案，这次会议取得不少成果。下面，我就社会主义市场经济立法问题，再谈一些意见。

一、抓紧时机努力做好社会主义
市场经济的立法工作

当前，我国经济形势总的是好的。在去年小平同志视察南方重要谈话和党的十四大精神指引下，经济发展速度明显加快，改革开放不断有新的进展，市场机制的作用进一步扩大，城乡市场活跃繁荣，各项社会事业不断发展，人民生活继续改善。在经济发展过程中，也出现了一些新的矛盾和问题。根本原因是，原有经济体制的弊端没有消除，新的经济体制尚未形成。盲目扩张投资、竞相攀比速度和缺乏有效约束机制等问题没有得到很好解决。新体制所要求的有效宏观调控体系尚未形成。解决这些问题只能靠深化改革，扩大开放，加快向社会主义市场经济体制转换。特别要加快金融体制、投资体制和财税体制的改革。要更多地采取经济手段、法律手段，也需要采取必要的行政手段，加强和改善宏观调控。既要抓住机遇，加快发展，也要注意稳妥，避免经济出现大的波动，使国民经济又快又好地发展。

加快改革开放，发展社会主义市场经济，迫切要求经济立法工作有一个迅速发展。今后五年，是我国从旧经济体制向新经济体制转换的关键时期。建立和健全市场经济法律体系，是培育和发展社会主义市场经济不可分割的组成部分。社会主义市场经济的发展，必须有法律来引导、规范、保障和约束。因此，本届常委会一定要抓紧时机，尽快制定一批有关市场经济的法律。

我在前几次讲话中谈到，本届常委会任期内要大体形成社会主义市场经济法律体系的框架。这个任务是相当艰巨的。从计划经济到市场经济的平稳过渡，在世界上还没有成功的先例，要靠我们自己探索；如何建立市场经济的法律体系框架，同样没有现成的模式，也要靠我们自己探索。现在，理论界和实际工作者正在讨论这个问题。总的说，社会主义市场经济的法律框架，包含的内容非常广泛，需要制定的法律很多。就目前情况看，急需出台的是以下几个方面的法律：一是规范市场主体的法律。必须用法律来保障和明确市场主体的权利和义务，确保它们能够自主经营、自负盈亏、自我发展、自我约束。常委会正在抓紧制定的公司法，就是规范市场主体的一个重要法律。这次会议听取了对公司法草案意见的汇报，有关部门要抓紧工作，争取公司法尽快出台。二是调整市场主体关系、维护公平竞争的法律。市场交换关系，必须遵循自愿、公平、等价有偿、诚实信用的原则。这就需要规范市场主体的竞争行为，维护市场秩序。这次会议审议的反不正当竞争法和经济合同法修正案两个草案，是这方面重要的法律草案，应当抓紧修订。还要抓紧制定证券法、票据法、仲裁法、担保抵押法、房地产法、消费者权益保护法等法律。三是改善和加强宏观调控、促进经济协调发展方面的法律。市场有其自身的弱点和消极方面，必须改善和加强国家对市场经济的宏观调控。有些市场经济高度发达的国家，也认为他们实行的是严格宏观调控下的市场经济。我们国家处在机制转换的过程中，既需要解放思想，放手培育市场，充分发挥竞争机制的作用，也丝毫不能忽视国家对市场的宏观调控。这就需要抓紧制定预算法、银行法、对外贸易法等法律。还要制定调整产业结构、促进科技进步等方面的法律。四是建立和健全社会保障制度方面的法律。对市场竞争造成的破产、失业等，需要有相应的社会救济，减少社会震动。因此，有关社会保障方面的法律，如劳动法、保险法等都必须重视。我们任何改革措施和法律的制定，都要很好考虑到维护社会稳定。以上几个方面的立法，都是建立和完善社会主义市场经济体制所必需的。常委会秘书处正在研究制定今后五年的立法规划。对立法项目要通盘考虑，合理部署，抓紧落实。

还需要指出的是，我们是从计划经济体制向市场经济体制转轨的。过去制定的法律有的已不适应社会主义市场经济发展的要求，有必要进行认真清理，该修改的修改，该废止的废止。这样才能保证社会主义市场经济法律体系的统一性和协调性。

二、认真解决市场经济立法中遇到的几个问题

制定社会主义市场经济的法律，必须以建设有中国特色社会主义的理论和党的基本路线为指导，以宪法为依据，大胆探索，勇于实践，以改革的精神对待和解决立法中遇到的问题和难点。

第一，立法要同改革开放进程相适应。立法要总结改革开放的经验，把实践证明是正确的东西用法律的形式肯定下来，使改革开放的成果得以巩固。但仅仅这样做还不够。还必须充分认识法律对社会经济发展的指导作用。应当通过法律来规范和指导改革开放的发展，依靠国家的力量排除改革开放中遇到的阻力，有力地推动社会主义市场经济体制的建立。我们要深刻领会小平同志讲的法律有比没有好，快搞比慢搞好的精神，一些应兴应革的事情，要尽可能先制定法律后行动。要适当打破一点常规。有的法律在起草过程中有不同意见，可在有关会议上进行讨论，及时协调解决，以利于加快立法步伐，尽量避免立法工作滞后于改革需要的状况。

第二，局部利益要服从国家整体利益。起草法律一定要从全局

出发，从维护国家和人民的根本利益出发，避免不适当地强调局部的利益和权力。部门之间互相扯皮，就会贻误法律出台，阻碍统一开放市场的形成。发展市场经济，必然要打破行政权力划分的传统格局。立法，要有利于促进政府转变职能，建立适应市场经济发展的新的管理体制。

第三，立足于中国国情，大胆吸收和借鉴国外经验。立法必须从我国国情出发，但这并不排除我们吸收国外的经验。凡是国外立法中比较好的又适合我们目前情况的东西，我们都应当大胆吸收；他们走过的弯路，也值得我们借鉴。有些适合我们的法律条文，可以直接移植，在实践中充实、完善。市场经济是开放型经济、国际性经济，我国有关市场经济的一些法律，需要同国外的有关法律和国际惯例相衔接。这样做，不仅会加快我国市场经济立法步伐，还有利于我国与国际经济的发展接轨，参与国际经济竞争。

第四，地方人大立法是全国人大及其常委会立法的重要补充。全国人大及其常委会要抓紧制定市场经济的法律，但在短时期内把有关法律都搞出来，是做不到的。地方人大及其常委会也要抓紧制定有关市场经济方面的地方性法规。特别是一些改革开放搞得比较早的地方，积累的经验比较多，应当先行一步，成为经济立法工作的试验区，为制定法律提供经验。另外，我国地域广阔，各地发展不平衡，法律不可能把各种情况都规定进去。地方可以从本地实际出发，制定实施细则。地方性法规不能同宪法、法律和行政法规相抵触，这是一条重要原则。但考虑到有的地方的改革需要先行试点，取得经验，如果起草地方性法规碰到与法律不协调的情况，可以主动提出来商议，通过法律程序合理解决。

第五，更好地发挥专家在立法工作中的作用。小平同志早就说过，要多找一些各方面的专家参加立法工作。这个意见很重要。今后，无论哪个部门起草法律，都要吸收有关方面的专家参加起草工作。全国人大专门委员会和常委会工作机构可以更多地牵头组织专家、学者起草法律，也可以委托专家、学者起草。研究法律草案时，要邀请有关方面的专家同实际工作者一起讨论。这样，既可以把各方面的意见集中起来，做到集思广益，加快立法步伐；又可以通过互相切磋，共同提高，有利于立法、司法和法制宣传教育等各方面干部队伍的建设。

第六，在加快立法步伐的同时，注重提高立法质量。制定法律，要做深入的法理研究和反复论证；拟定条文，要尽可能明确、具体，便于操作。还要注意法律之间的衔接和配套。制定了法律，有的要抓紧制定实施细则，有的需做好法律解释，同时加强法律实施情况的检查监督，使法律起到有效地保障和促进社会主义市场经济发展的作用。

制定有关社会主义市场经济方面的法律，对我们是个新的课题。我们过去所熟悉的东西有的不适用了，需要重新学习和认识的东西越来越多。我们只有进一步解放思想，在实践中不断学习，不断研究新情况新问题，才能提出促进改革开放和现代化建设的措施和办法。我们常委会全体组成人员，必须始终把立法工作放在最重要的位置，作为第一位的任务，扎扎实实地把市场经济立法搞得更快一点，更好一点，不辜负人民的重托。

各位副委员长、各位委员，我们的会议就要结束了。我这次讲话只着重讲了经济立法问题。人大面临的任务还很多，既有立法的任务，又要建立和完善监督机制，还要开展议会外交等。全国人民对人大和人大常委会寄予厚望。我们要加强人大及其常委会各方面的工作，兢兢业业地把各项任务尽可能地完成好。

要增强对人大的地位、
性质和作用的认识 *

（1993 年 7 月 3 日）

主要意见刚才田纪云同志都谈到了，我再补充几点：

一、这次座谈会开得比较及时、比较好。会上，各地的同志热烈发言，反映情况，分析问题，交流工作体会和经验，提出意见和建议。同志们发言中所提意见都很好，符合目前实际情况。尽管各省、自治区、直辖市具体情况不一样，但还是有许多共性的问题。及时把这些问题提出来，对我们解决这些问题有帮助。

二、同意纪云同志刚才所讲的几条意见。同志们回去后，请把这次人大常委会会议、座谈会以及纪云同志讲话精神，向各省、自治区、直辖市党委汇报。在没有正式发文之前，先按这个精神办，各省、自治区、直辖市可以根据自己的具体情况，研究如何贯彻落实。

三、大家在座谈会上都普遍谈到对人大的认识问题。如何看待人大和人大工作，这个问题应该说早已从法律上解决了。从第一部宪法颁布到现在，关于人大的地位、性质和作用的规定基本上没有什么变化。毛主席亲自主持起草的一届全国人大一次会议通过的1954 年宪法，明确规定了人大的地位、性质和作用，现行宪法仍然坚持这些规定，当然也有发展。八届全国人大一次会议虽然对宪

＊ 这是乔石同志在各省、自治区、直辖市人大常委会负责人座谈会上的讲话。

1993 年 7 月 3 日，乔石在北京人民大会堂和各省、自治区、直辖市人大常委会负责人座谈。

法进行了一些修改，有的条文还是重大修改，但关于人大地位、性质和作用的基本规定没有动。所以我们说，关于人大的地位、性质和作用的问题，在宪法和法律上已经解决了。但是人们的思想认识未必都解决了，因为在实际工作中总是碰到人大没有被充分认识和尊重的现象，党内、党外还有一些同志对人大有各种议论。怎样解决这些问题，今天我不说别的，只想强调两条：一是要用宪法和法律的规定统一全党和全国人民对人大地位、性质和作用的认识；二是要结合实际不断地进行宣传教育。中国有几千年封建社会的历史，我们要建立一个法治社会是很不容易的，树立法制观念也是很不容易的，还要靠长期的、坚持不懈的努力。现在我们面临一个机遇，发展市场经济对法制建设提出更高的要求，全党、全国对此呼声很高，我们要在加强经济立法、完善监督机制的同时，把对人大地位、性质和作用的认识逐渐统一起来。

　　党委统一领导和充分发挥人大作用是一致的。人大工作是党委工作的一个重要方面，党委不可能不重视人大工作，不可能不加强对人大的领导。人大议决的问题，如人事任免、计划预算等问题，都经过同级党委讨论。所以说，党委领导与发挥人大作用是一致的，没有什么矛盾，也不应该有矛盾。我们希望各级党委加强对人大工作的领导，我们在人大工作中也要自觉接受党的领导，依靠党的领导。这样就会使我们人大工作搞得更好一些，社会主义民主和法制建设搞得更好一些。在实际工作中，对人大地位、性质和作用的认识参差不齐是正常的，关键是我们这些在人大工作的同志要首先端正对人大地位、性质和作用的认识，把我们的认识与党章、宪法的规定统一起来。这个问题很重要。在座的同志有的已在人大工作过一段时间，有相当多的同志则是刚刚到人大工作，刚到人大工作的同志尤其要把这个问题弄得更清楚一些。我在全国人大专门委员会主任委员、副主任委员座谈会上已经讲过，如果我们自己就认为到人大工作没有什么事啦，是退居"二线"啦，或者是什么"一线"工作"二线"干部啦，抱着这样的认识就不容易把人大工作搞好。我们人大从来没有认为自己是"二线"，中央也没有哪个文件说人大是"二线"。要增强对人大地位、性质和作用的认识，首先要从我们在人大工作的同志自身做起，从我们自己的工作做起。

　　四、关于人大目前的任务，我在八届全国人大一次会议闭幕时已经讲过，后来在常委会第一次会议上也讲过。本届人大任期五年，是我们国家改革开放和现代化建设的关键时期。党的十四大提出建立社会主义市场经济体制，我们人大的立法任务是很繁重的。我不知道同志们注意到没有，八届全国人大一次会议通过的宪法修正案中，根据中央的建议，第一次把"国家加强经济立法"写在宪法里，可见中央对加强经济立法是多么重视！我们在人大工作的同志，一定要重视经济立法，做好经济立法工作，力求避免立法工作与实际之间的脱节，使法制工作适应市场经济发展的需要。目前，立法工作滞后的问题是存在的。例如，现在全国有四十八万多家公司，至今还没有公司法。对于制定公司法，我们的工作还是抓得紧的，原来已经审议过，这次常委会会议又听取了对公司法草案意见的汇报。这次常委会会议通过了农业法，原来有的同志认为这个法规定的有些措施还不那么有力，但大家还是认为早日通过为好。将来如果有过硬的措施，我们可以再把它补充到法律中去。好多同志对金融问题有意见。目前，金融秩序确实有点混乱，缺少有效的宏观调控手段。政府没有钱就到银行透支，也就是白条一张，银行本身也存在不少问题。解决这些问题，不能光靠行政手段。我们一定要采取措施，加强经济立法，把各项工作尽快纳入法制轨道。

五、大家在座谈中都谈到监督问题。上次常委会会议我已经谈到监督工作。我同意田纪云同志刚才谈的意见。批评与自我批评是我们党的优良传统之一，是我们党与其他政党的区别所在。各级党组织及其负责同志一定要走群众路线，经常进行批评与自我批评，各级政府、法院、检察院的工作也毫无例外要接受监督。我们党是执政党，尤其要注意把监督工作搞好。人大对政府和司法部门的监督，从根本上来说，既是一种必要的制约，也是一种有力的支持。监督的目的是希望把工作搞好，没有搞好的地方，或者是没有发现的问题，通过监督把问题指出来，就可以督促政府和司法部门把工作做得更好。同时，监督也是一种服务。在政府、法院、检察院工作的同志，日常具体事务很多，实际工作中一旦发生问题，就需要花很大精力予以解决，工作是大量的。有时忙中就容易出错，应该考虑的问题没有考虑到，应该照顾的事情没有照顾到。人大通过监督工作，可以发现政府和司法部门没有发现的问题，给他们解决问题提出改进意见和建议，这本身就是一种支持和服务。各级人大及其常委会代表人民群众监督政府、法院、检察院的工作，依据就是宪法和法律。根据宪法和法律进行监督工作，是各级人大及其常委会的一项重要职责。应当把这项工作搞得更好。同志们在座谈中都提出要尽快制定监督法，对这个问题我同意纪云同志的意见，抓紧时间进行准备工作，一旦条件成熟就立即着手进行，争取早日把监督法搞出来。当然，地方人大的监督工作也不要等。现在有些省级人大及其常委会已经制定了监督条例，这就给监督工作提供了法规依据，应当继续坚持下去。一些省虽然还没有制定监督条例，但许多方面的监督工作还是亟待加强的，条件成熟后也要制定地方性的监督法规。

六、人大工作要更密切联系群众，越搞越民主，越搞越生动活泼、生气勃勃，千万不能把人大搞成"长者的机关"。要解决这个问题，除了前面纪云同志讲的以外，还要注意不断提高干部素质，从人民群众中汲取营养，不断研究人大及其常委会的选举怎样搞得更民主一些。关于民主问题，多年来无论在什么场合，我始终认为一定要把民主的旗帜牢牢掌握在我们手里。新中国成立前28年的斗争，我们党经过长期艰苦卓绝的英勇奋斗，有时甚至很残酷，牺牲了几千万人，我们党一直高高举起民主的旗帜。现在我们党执政了，更应该注意这个问题。说到底，民主问题是人民当家作主的问题。要反映全国各阶层人民群众，首先是工人、农民、知识分子的共同愿望和呼声。人民代表大会作为密切联系人民群众的机关，有责任这样做。要使各级人大更有代表性，能够广泛地、充分地反映人民群众的想法、看法和实际问题。要十分注意研究怎样把人大搞得更民主一些，法制更完备一些。过去，我们对法制讲得比较多，对民主讲得少一些。我们一些同志习惯于用简单的办法处理问题，一讲民主就怕麻烦。要认真总结这次换届选举的经验，研究怎样使选举更民主一些、程序更完善一些。党组织要善于做群众工作，走群众路线，不要把民主淡忘了。在选举中，要想较好地把党委意图变为国家意志，关键是依法办事，不断发展社会主义民主，健全社会主义法制。

最后，我还想讲讲环境保护问题。适应加强我国环境保护工作的需要，八届全国人大一次会议决定设立环境保护委员会。环境保护是一项功在当代、利在千秋的大事，同志们一定要十分重视这项工作。

惩治腐败还是要靠法制 *

（1993 年 9 月 2 日）

本次常委会会议的议程已经进行完毕。这次会议审议了几个有关社会主义市场经济方面的法律草案。会议通过的关于修改经济合同法的决定，总结了我国十多年来的经验，吸收和借鉴了国外的一些做法，对原来的规定作了必要修改，使经济合同法更加有利于保护当事人的合法权益，维护社会经济秩序，适应社会主义市场经济发展的需要。会议通过的反不正当竞争法，是规范市场主体行为、维护市场公平竞争的一个重要法律，有利于制止官商结合、以权经商和地方保护主义等不正当行为，也有利于反腐倡廉。会议还初步审议了证券法、消费者权益保护法、注册会计师法、个人所得税法修正案等法律草案。这几个草案会后要抓紧修改，争取尽快出台。证券法草案是全国人大财经委员会牵头，组织专家、学者起草的，这种起草方式今后应该更多地采用。我们要广泛依靠社会力量，特别是发挥专家的作用，加快法律草案起草工作的进度。

这次会议还听取和审议了国务院关于当前金融形势和政策措施的报告、今年以来计划执行情况的报告、预算执行情况的报告。大家认为，国务院执行八届全国人大一次会议批准的计划和预算是认真的。特别是在贯彻中央提出的加强和改善宏观调控十六条措施方

---

*　这是乔石同志在八届全国人大常委会第三次会议上的讲话。

365

面，做了大量工作，取得了初步成效。经济形势总的来说是好的。但是，一些问题的解决还需要一个过程，全面落实加强和改善宏观调控的措施，任务依然很艰巨，根本的出路在于深化改革，加快建立社会主义市场经济体制。

这次会议上，大家对反对腐败、加强廉政建设问题非常关注，提出了一些意见和建议。我下面着重讲一下这个问题。

最近，中共中央纪律检查委员会举行第二次全体会议，全面分析了反腐败斗争的形势，提出了新形势下反腐败斗争的思路、对策和当前任务，对近期反腐败斗争进行了具体部署。江泽民同志在会上作的重要讲话，深刻地阐明了反腐败斗争的重大意义和应当遵循的原则，对推进新形势下的反腐败斗争，加强党的建设和政权建设，保证改革开放和经济建设的顺利进行，具有重要的指导意义。中央的这一部署，符合全国各族人民的心愿，表达了广大干部和群众的共同要求。

加强反腐败斗争，是全面贯彻党的基本路线的要求，是保证改革开放和经济建设顺利进行的一项重要工作。早在我国实行改革开放政策的初期，邓小平同志就强调一手抓建设和改革开放，一手抓打击经济犯罪；以后又一再告诫我们，在整个改革开放过程中都要反对腐败，这是一个长期的经常的斗争。我们一定要认真学习和贯彻邓小平同志关于加强廉政建设、反对腐败的一系列重要论述和指示。我们党政机关干部队伍的主流是好的，大多数同志是清正廉洁、勤恳工作的。但是也必须清醒地看到，在党政机关中，确实存在着消极腐败现象，有些方面还在滋长和蔓延。我们必须充分认识腐败问题的严重性和危险性，把反腐败斗争作为一项重大政治任务抓紧抓好。

解决腐败问题，要综合治理，既治标又治本。需要运用教育的、行政的、法律的多种手段，才能取得成效。小平同志指出，还是要靠法制，搞法制靠得住些。这就是说，必须加强立法，严格执法，把惩治腐败纳入法制的轨道。近些年来，全国人大及其常委会先后制定了一系列法律，对惩治贪污、贿赂、走私、卖淫嫖娼、贩毒吸毒等违法犯罪活动，作出了明确、具体的规定，为打击经济犯罪、惩治腐败分子提供了法律依据。现在的问题是，这些法律执行得不够好。由于有法不依、执法不严、违法不究，甚至以言代法、以权压法、执法犯法的现象在一些地方和部门相当严重，致使有些犯罪分子逍遥法外，腐败行为得不到有效遏制。当今世界上许多国家，都把严格执法作为解决腐败问题的重要手段。我们国家开展反腐败斗争，也必须严格地遵守和执行已经制定的法律、法规，坚持在法律面前人人平等，不允许任何组织或者个人有超越法律的特权。人大及其常委会要加强对法律实施情况的检查监督，下大力气改变法律实施不力的状况。这次常委会会议通过了《关于加强对法律实施情况检查监督的若干规定》，目的就是使执法检查工作进一步规范化、程序化、制度化，更富有成效。还要在全社会特别是党政机关干部中，加强法制教育，增强广大干部群众的法制观念和依法办事能力，学会运用法律武器同各种犯罪分子进行斗争。当然，我们的法律还不完备。必须加强立法，尤其是经济立法，促进社会主义市场经济体制的建立和完善，从根本上防范腐败现象的产生。还要认真研究社会主义市场经济条件下反腐败斗争的特点和规律，进一步制定和完善有关廉政建设的法律、法规，为更有力地惩治腐败提供法律依据。

　　加强反腐败斗争，还必须进一步健全党和国家的监督机制。我们搞社会主义市场经济，必然涉及中央和地方之间、各个部门之间经济管理权力的重新调整，需要同时建立起对权力的有效制约和监督机制。缺乏制约的权力很容易产生腐败。特别是在新旧体制转换的情况下，旧体制的弊端尚未完全革除，新体制还未形成，监督、管理上的薄弱环节和漏洞很多，这些都给以权谋私、权钱交易等腐败行为以可乘之机。因此，在建立社会主义市场经济体制的过程中，必须加强对权力的制约和监督。要把党组织的监督、国家机关的监督、政协的监督、人民群众的监督，以及舆论监督等有机地结合起来，形成一个强有力的监督体系。人大及其常委会作为国家权力机关，应当依法对行政、审判、检察机关的工作进行监督。要围绕人民群众反映强烈的消极腐败方面的问题，听取政府、法院、检察院的汇报，督促他们采取切实措施予以纠正。要支持和督促执法机关抓紧查处大案要案，一查到底，不能手软。要认真受理人民群众的申诉、控告和检举。对人大及其常委会选举或任命的工作人员，如发现有贪污、受贿等腐败行为，可以组织调查，该罢免的罢免，触犯刑律的要追究刑事责任。要充分发挥人大代表在反腐败斗争中的作用。人大代表要模范地遵守宪法和法律，还要积极反映人民群众的呼声和要求，推动惩腐倡廉工作的开展。全国人大常委会的组成人员，要自觉地接受人大代表和人民群众的监督，廉洁自律，全心全意为人民服务。我们相信，在党中央的正确领导下，有广大人民群众的支持，反腐败斗争一定会取得成效，两个文明建设一定会越搞越好，具有中国特色的社会主义事业一定会更加兴旺发达。

学习建设有中国特色
社会主义理论　做好人大工作*

（1993 年 10 月 31 日）

这次会议已完成了预定的各项任务，开得很好。提请会议审议的有九个法律草案，是多年来常委会会议审议法律草案最多的一次。经过大家认真负责地审议，反复斟酌，会议通过了五个法律。其中消费者权益保护法、注册会计师法和修改个人所得税法的决定等，都是有关社会主义市场经济方面的重要法律。在审议个人所得税法修正案草案时，大家就个人所得税起征点、工薪所得税率、个体工商户和高收入者纳税等问题，进行了热烈讨论，充分发表意见，提出了几种方案加以比较和选择，使这个法律的规定比较周到、可行。会议还通过了教师法、红十字会法，初步审议了预算法、会计法修正案、国家赔偿法、国家勋章和国家荣誉称号法等法律草案。常委会正在按照今明两年立法计划的要求，加快立法步伐，促进社会主义市场经济的发展。

这次会议，听取和审议了最高人民检察院关于在反腐败斗争中集中精力查办大案要案的报告。大家对检察机关依法查处大案要案，表示坚决支持。各部门要密切配合，严格执法，抓紧办案，各级人大加强监督，力争取得明显的成果。会议还听取了国务院关于教育工作的报告，听取了关于加强社会治安综合治理决定和企业法

---

* 这是乔石同志在八届全国人大常委会第四次会议上的讲话。

执行情况的检查报告，审议决定了其他一些事项。

当前，人大及其常委会面临的任务相当繁重。适应社会主义市场经济发展的需要，必须大力加强社会主义民主和法制建设，特别是加快经济立法，力争在今后几年内逐步形成社会主义市场经济法律体系的框架。还要加强法律的宣传和执法检查，努力改变有法不知和有法不依、执法不严、违法不究的现象。要继续健全监督机制，进一步做好监督工作。国家总的形势和任务，对人大工作提出了更高的要求。做好人大工作，最根本的是要以邓小平同志建设有中国特色社会主义理论武装我们的头脑，指导我们的各项工作。这就要求我们适应形势发展的需要，建设一支用邓小平同志建设有中国特色社会主义理论武装的，懂得宪法和法律的，密切联系群众、作风扎实的，廉洁奉公、富有献身精神的人大干部队伍。

邓小平同志建设有中国特色社会主义理论，是马克思主义基本原理与中国实际和时代特征相结合的产物，是毛泽东思想的继承和发展。邓小平同志是我国改革开放和现代化建设的总设计师，他以非凡的马克思主义的求实态度和创新精神，科学地总结了历史的经验，概括了群众的创造，对建设有中国特色社会主义理论的创立，作出了历史性的伟大贡献。八届全国人大一次会议通过的宪法修正案，已经把建设有中国特色社会主义理论写进了宪法，确立了这一理论的指导地位。我们社会主义现代化建设的各项工作必须以这一理论为指导。同样，人大工作必须始终不渝、坚定不移地坚持建设有中国特色社会主义理论和在这一理论指导下形成的党的基本路线，这是我们做好人大工作的根本保证。我们各级人大常委会组成人员和全体机关干部，都要认真学习邓小平同志的著作，深刻领会建设有中国特色社会主义理论的基本观点和精神实质，并且自觉地运用到人大的实际工作中去，指导我们的立法、监督等各项工作。

小平同志关于社会主义民主和法制建设，关于坚持和完善人民代表大会制度，关于立法和监督工作等，有一系列重要论述，这是建设有中国特色社会主义理论的重要组成部分。学好用好这些重要思想，就能把握正确的方向，不断提高工作水平。最近，《邓小平文选》第三卷已经出版发行。这是我们深入学习有中国特色社会主义理论最主要的文献。小平同志说过，"改革是中国的第二次革命"，要"换脑筋"，我们学习有中国特色社会主义理论，学习《邓小平文选》第三卷，首先要从思想上解决问题，使思想有一个彻底的转变。如果不是这样，那就学不进，学不深，学不好，也不可能真正地贯彻执行。

我们还必须认真学习和熟悉宪法和法律，严格按照宪法和法律的规定行使职权，决定问题。要密切联系人民群众，深入实际，调查研究，倾听和反映人民的意见和要求。要全心全意为人民服务，廉洁奉公，严于律己，当好人民的公仆。人大工作是党和国家工作的一个重要方面，我们一定不辜负人民的重托，兢兢业业，努力工作，为建设富强、民主、文明的社会主义现代化国家，贡献全部精力。各级党委和人大常委会都要重视这支队伍的建设，关心这支队伍的成长。我们相信，有邓小平同志建设有中国特色社会主义理论作指导，建设起这样一支强有力的队伍，我们的工作就一定会越做越好，社会主义民主和法制建设就一定能够取得更大成绩。

加强专门委员会建设
提高人大工作水平和成效 *

（1993 年 11 月 3 日）

我们这次座谈会开了两个半天，这是换届以来召开的第二次专门委员会负责人座谈会，着重讨论了如何加强专门委员会工作的问题。大家畅所欲言，介绍了情况，反映了问题，提出了一些很好的意见和建议。这对我们今后加强专门委员会的建设，改进人大工作，很有帮助。会议开得是好的。

换届后的六个多月，各专门委员会根据八届全国人大一次会议精神和常委会的要求，积极主动地开展工作，保证了常委会会议各项议程比较顺利地进行，提高了工作效率和水平。在立法方面，对常委会交付的 17 个法律草案进行了审议，提出了审议报告和意见。各专门委员会对今后几年的立法工作制定了初步规划，作了大体的安排，有的已经开始组织起草或牵头起草一些法律。对有关部门起草法律的工作，进行了协调和督促。有的专门委员会还对社会主义市场经济法律体系框架进行了研究，有了一个初步意见。在监督方面，重点开展了对法律实施情况的检查监督，先后派出二十多个执法检查组，对八个法律的实施情况进行检查，有的已经写出了报告，向常委会作了汇报。一些专门委员会听取了国务院有关部门和法院、检察院的工作汇报，督促他们改进工作。每次常委会会议

＊　这是乔石同志在八届全国人大专门委员会负责人座谈会上的讲话。

听取和审议国务院及其部门、法院、检察院的汇报，这也是监督的一种形式，对他们改进工作有帮助。专门委员会还承担了常委会交付的一批地方性法规的审查任务。在外事方面，各专门委员会积极参加常委会的外事活动，加强了同外国议会的交往，有重点地做了外国议员和有关人士的工作，增强了联系，加深了了解，扩大了影响，取得了较好的效果。实践证明，光有政府之间的外交还不够，常委会和专门委员会采取各种方式，广泛地开展同外国议会的交往，很有必要。中国非常需要被全世界了解，中国也非常需要了解全世界。此外，专门委员会还在开展调查研究、加强同地方人大联系等方面，做了大量工作。在半年多时间里，大家做了这么多工作，确实付出了很大的努力，取得了显著成绩，应当充分肯定。当然，这一届的工作还刚刚开始，虽然有改进，有起色，但不要把成绩估计过高，我们的工作也还有不足之处，需要在实践中努力探索，不断改进。现在，我讲几点意见。

一、专门委员会工作十分重要

专门委员会是全国人大的组成部分，是全国人民代表大会的常设工作机构。在代表大会闭会期间，各专门委员会受常委会的领导。宪法规定，各专门委员会的主要任务是在全国人大及其常委会领导下，研究、审议和拟订有关议案。全国人大组织法规定了专门委员会的五项工作，就是审议议案、提出议案、审查规范性文件、审议质询案和进行调查研究并提出建议。这表明，专门委员会的责任是重大的，工作任务是繁重的。

专门委员会工作有两个基本特点：一是经常性，二是专门性。人大及其常委会大量的经常性工作要由专门委员会来承担。全国人民代表大会一般情况下每年只举行一次会议，常委会会议一般每两个月举行一次。闭会期间，专门委员会按照代表大会和常委会的统一安排，分别研究、审议和拟订议案，听取有关主管部门的工作汇报，组织专题调查、视察，开展外事活动等，履行宪法和法律规定的职权。同时，专门委员会是按照专业分工原则组建的，其组成人员大都具有比较丰富的领导经验和某方面的实际工作经验，还有一批专家、学者，可以说人才济济。这有利于分门别类地研究和审议问题。特别是立法涉及面广，有些法律的专业性较强，专门委员会对有关问题比较熟悉，经过同志们集思广益，可以使法律的规定更周到些，更切实可行。由此可见，专门委员会的工作对于全国人大及其常委会行使宪法赋予的立法、监督等各项职权，对于提高我们的工作水平和工作成效，是很重要的。

二、扎扎实实做好各项工作

八届全国人大一次会议明确了本届人大及其常委会的基本工作任务和目标，概括地说，就是要坚持以邓小平同志建设有中国特色社会主义理论和党的基本路线为指导，把加强社会主义民主和法制建设作为根本任务，推进社会主义市场经济体制的建立和逐步完善。本届常委会二次会议通过了常委会工作要点，使这一任务更加具体化了。从现在起到明年3月人代会前，我们要着重抓好以下几件事：一是加快立法，特别是加快经济立法，按照今明两年立法计划的要求，常委会还需要审议通过一批法律，同时要提出社会主义市场经济法律体系框架的设想，研究制定五年的立法规划。二是搞好执法检查和工作监督，督促有关部门依法办事、改进工作。我非常赞成加强监督工作。经验证明，一个部门，一个单位，任何一个人，失去监督都不行，不利于改进工作。问题是如何使监督工作更有效些。有的同志提出，监督法早点搞出来，我赞成。但要等时机成熟，要根据中国的实际情况搞监督。三是积极开展同外国议会和国际组织的交往，进一步扩大影响。四是加强机关建设，研究制定全国人大机关机构改革方案。五是为明年 3 月召开的八届全国人大二次会议做好各项准备工作。从现在到明年 3 月还有四个月的时间，时间紧，任务重，各专门委员会要围绕上述工作任务，做好安排，扎扎实实地工作。为了完成这些繁重任务，人大工作也必须进行改革。凡是实践证明是好的做法和规定，就要坚持并不断加以完善；对已经不适应实际需要的做法和规定，要坚决进行改革，不要让它妨碍工作的开展。

立法工作是全国人大及其常委会的首要任务，也是专门委员会的首要任务。按照立法规划，有的法律要由专门委员会组织或牵头起草，这是改进立法工作、加快立法进度、更充分地发挥专门委员会在立法工作中作用的一项重要措施。要制订具体工作计划，组织好工作班子，保证起草任务如期完成。对有关部门负责起草的，要注意了解起草进度和问题，加强督促。特别是涉及社会主义市场经济法律体系框架的重要法律，要加快起草，总要有个轻重缓急。对常委会交付审议的法律草案，要认真做好审议工作，广泛听取各方面的意见，充分发挥专家、学者的作用，提高立法质量。还要总结经验，改进和完善立法程序，对起草和审议法律草案的具体程序作出规定。制定有关市场经济方面的法律，大体形成社会主义市场经济法律体系框架，是一项非常艰巨的任务，需要各专门委员会积极地、富有成效地开展工作。希望大家以改革的精神，踏实的工作作风，加强调查研究，努力探索和解决立法工作中遇到的难点和问题，保证常委会立法任务的完成。

协助常委会行使好监督职权，是专门委员会工作的又一项重要内容。开展监督工作，要注重实效，能做一件事，就要抓紧做好这件事，努力抓出成效。常委会通过的《关于加强对法律实施情况检查监督的若干规定》，明确规定了开展执法检查的重点、方式和程序。要按照《规定》的要求，督促有关主管部门行动起来，切实改进执法工作。要贯彻党中央关于开展反腐败斗争的精神，加强廉政监督，促进反腐倡廉。这个斗争是长期的，必须常抓不懈，不能放松。

积极开展同外国议会的交往，是常委会工作的一个重要方面。各专门委员会的外事活动，要在常委会的统一领导下，做好协调工作，加强计划性，提高实效，进一步增进与更多国家的联系和了解，为我国的改革开放和社会主义经济建设创造良好的国际环境。

三、搞好思想建设和组织制度建设

加强专门委员会的思想建设，最重要的是用邓小平同志建设有中国特色社会主义理论武装头脑，指导工作。《邓小平文选》第三卷最近正式出版发行了。我们要认真学习邓小平同志著作，坚持改革开放，认真履行宪法赋予专门委员会的职责，做好各项工作。今后总的方向是，按照邓小平同志建设有中国特色社会主义理论，把改革开放的事业搞得更快更好，走出一条深化改革、具有中国特色社会主义的道路。只有这条路才行，没有别的路可走。人大当然也是走这条路。

搞好组织建设是专门委员会充分发挥作用的重要条件。专门委员会承担着代表大会及其常委会大量的经常性工作，这首先要求我们各专门委员会的组成人员要把主要精力放到人大工作上来。专门委员会研究、审议和拟订议案，主要采取会议的形式，集体讨论，集体决定。希望专门委员会的成员把承担的其他工作和社会活动安排好，服从专门委员会工作，保证参加专门委员会会议。现在，有的专门委员会反映，开会常常不到半数，许多该讨论的问题讨论不起来，该决定的问题决定不了，影响工作的开展。这种状况必须改变。大家一定要处理好人大工作与其他工作和社会活动的关系，要把人大工作摆在优先的位置上。不是不允许做其他工作，而是要安排好。如果有的专门委员会成员经过安排确实没有时间参加专门委员会工作，在不得已的情况下可以考虑做点调整。当然，有的同志刚到人大来，可能还有些不适应，还要有一个过程。人大工作有它自身的特点和规律，要在工作习惯和工作方式上来一个转变，尽快到职到位，兢兢业业，做好工作。

要继续加强专门委员会的工作制度建设。目前，专门委员会都根据本委员会的实际情况，制定了工作规则或议事规则等项制度，对本委员会组成人员的职责、会议制度、工作程序等作了规定。应当进一步总结经验，继续完善，使工作更加规范。

专门委员会行使职权，离不开办事机构的有效工作。这些年来，专门委员会的办事机构有一定的加强，但还不能完全适应工作的需要。现在，我们正在研究制定机关机构改革的方案。在机构设置和人员编制上，要坚持实事求是，该加强的加强，该精简的精简，该理顺的理顺，注意提高干部素质。干部队伍，重在培养提高。我们各级领导要关心干部、爱护干部，要为他们的成长和发展创造良好条件。要加强干部队伍的思想作风建设，实行严格考核和工作责任制。对干部除了正面教育外，有缺点该批评还要批评，不批评不是好现象，特别是党内。要做好机关干部的培训工作，不断提高干部队伍的政治和业务水平。要通过多方面的努力，培养一支用邓小平同志建设有中国特色社会主义理论武装的，熟悉宪法和法律的，密切联系群众、作风扎实的，廉洁奉公、富有献身精神的人大干部队伍。

四、加强协调和组织工作

全国人大机关是一个统一的整体。各专门委员会、办公厅、法工委要在常委会领导下，分工负责，协调一致地工作。委员长会议负责处理常委会的重要日常工作，要加强对各部门工作的指导。秘书处是负责处理常委会日常事务工作的办事机构，要掌握各专门委员会、办公厅和法工委的工作进展情况，加强统一协调；要听取各部门的工作汇报，研究问题，提出解决问题的意见和建议；要加强对常委会和委员长会议决定事项的督促检查。各部门也要经常主动地反映情况，提出建议。各部门之间要加强联系和沟通，密切配合，各司其职，齐心协力地工作。秘书长要加强这方面工作的组织和协调。要通过这次机构改革，进一步理顺各部门之间的关系，调动各方面的积极性。还要改进和加强机关的后勤工作。实事求是地讲，办公厅是出了力的。后勤管理部门要尽可能地为各部门提供必要的工作条件，为改善机关职工的生活条件多想办法，多做工作。

当前，我们国家正在集中力量，进行社会主义现代化建设。我们要建设一个现代化的、民主和法制健全的国家，人大必须认真行使宪法和法律赋予的职权，为加强社会主义民主和法制建设，为实现党的十四大和八届全国人大一次会议确定的宏伟目标努力工作。

要在全社会树立
宪法和法律的权威 [*]

（1993 年 12 月 29 日）

　　经过大家十天的紧张工作，这次会议预定的各项任务已经完成。会议共听取了十一个法律草案和法律性决定草案的说明或意见，经过认真审议，通过了四个法律和有关法律问题的决定。会议期间，大家还参加了毛泽东同志诞辰一百周年纪念大会。这次通过的公司法，是社会主义市场经济法律体系中非常重要的法律。这部法律的制定和实施，是我国法制建设的一件大事。它对确立公司这一市场主体的法律地位，规范公司的组织和行为，建立现代企业制度，促进社会主义市场经济的健康发展，有着重要意义。会议通过的会计法修正案和有关税收暂行条例适用于外商投资企业和外国企业的决定，对完善会计法律制度和税收制度，维护市场经济秩序，改善我国投资环境，将起重要作用。会议通过了将预算法草案提请八届全国人大二次会议审议的决定，初步审议了对外贸易法、台胞投资保护法、优生保健法及关于严惩组织、运送他人偷越国（边）境犯罪的规定等法律草案，听取了关于证券法意见的汇报。还听取和审议了国务院关于对外经济贸易工作和民航加强安全改进工作情况的报告，关于检查惩治生产、销售伪劣商品犯罪的决定执行情况的汇报等。

＊　这是乔石同志在八届全国人大常委会第五次会议上的讲话。

会议通过了关于召开八届全国人大第二次会议的决定。从现在起到明年 3 月 10 日人代会召开，还有两个多月的时间，要认真扎实地做好大会的各项准备工作。我们一定要以邓小平同志建设有中国特色社会主义的理论和党的基本路线为指导，努力把这次大会开成一个民主团结、求真务实、开拓奋进的大会，进一步动员全国各族人民齐心协力，抓住机遇，加快改革开放步伐，促进国民经济持续、快速、健康发展。

1993 年已临岁尾。今年 3 月八届全国人大一次会议以来，经过大家的共同努力，人大常委会在经济立法方面取得了明显进展，共制定、修改法律和通过有关法律问题的决定 16 个，其中有 12 个是有关社会主义市场经济问题的。对法律实施情况的检查监督正在加强，人大常委会和各专门委员会先后派出 33 个执法检查组，对 18 个法律和决定的执行情况作了检查，取得了一定效果。其他方面的工作也取得了成绩。

即将到来的 1994 年是深化改革的任务比较集中的一年，要全面贯彻党的十四届三中全会《关于建立社会主义市场经济体制若干问题的决定》。我们所要采取的每一项改革措施都事关重大。要求我们必须精心细致，谨慎从事，只能搞好，不能搞坏。我们的根本办法就是要把我们的工作建立在维护群众利益的基础上，得到人民群众的充分理解和支持。要使群众真正了解贯彻好这些改革措施，归根到底是有利于人民群众、有利于加速经济发展和人民生活水平的提高的。为此，全国人大和各级人大要在党的领导下把促进各项改革措施的实施，看做自己的任务。要深入实际，深入群众，调查研究，倾听群众的意见，多关心那部分暂时有困难的群众的情况，随时注意了解有可能影响社会稳定和改革顺利进行的各种因素，积极帮助提出解决各方面问题的建设性意见。同时要监督已经依法出台的各项改革措施的实施情况，及时主动地提出改进工作的建议，团结带动人民群众胜利完成全年的改革任务。

1994年，人大常委会要继续把加快立法特别是经济立法放在首位。要按照党的十四届三中全会《决定》的要求，努力使立法工作与改革的步骤紧密配合，用法律引导、推动和保障改革。对已经出台的改革措施，要及时总结经验，尽可能用法律形式固定下来，使之规范化。对明年的立法项目要分清轻重缓急，妥善加以安排，急需的法律先立。比如财政、金融、票据、证券等方面的法律，就比较紧迫，应当抓紧制定。

为了使立法工作有计划、有重点地进行，争取在本届人大任期内大体形成社会主义市场经济法律体系的框架，常委会正在制定五年的立法规划，并为此采取了积极的步骤。这五年，是我国加快建立社会主义市场经济体制的重要时期，各方面要求制定的法律很多。立法规划要以宪法为依据，既考虑改革开放和现代化建设的客观需要，也考虑现实可能；既突出重点，也兼顾其他。本届常委会要把抓紧制定规范市场主体、维护市场秩序、加强宏观调控、完善社会保障体系等方面的法律，作为首要任务。同时，也要安排关于加强社会主义民主政治建设、健全国家机构组织制度、惩治各种犯罪活动、维护社会治安、促进教育科学文化发展、保护环境和加强国防建设等方面的法律。还要适时修改或废止与建立社会主义市场经济体制不相适应的法律。实现立法规划，需要各部门齐心协力、密切配合。人大常委会要在党中央统一领导下，加强对立法工作的指导，搞好法律起草的协调和督促工作。我们一定要树立适应社会主义市场经济的新观念，深入研究现实生活中的新情况、新问题，大胆探索和实践，以改革的精神解决立法中遇到的难点和问题，使立法跟上改革开放的步伐。

　　法律制定后，还必须坚决贯彻执行。如果我们制定的法律得不到实施，实际上等于没有法。有法可依，有法必依，执法必严，违法必究，是我国社会主义法制建设的基本方针。这四个环节，缺少哪一个，都不可能有健全的法制。我国有几千年封建社会的历史，法制观念比较淡薄。一些同志习惯于依靠行政手段管理经济和处理社会事务，对法律的作用重视不够。有的甚至滥用职权，为了本地区、本部门、本单位的利益而公然违反法律。这与建立市场经济体制的要求是不相容的。因此，我们不仅要重视立法，还必须高度重视法律实施，切实做到严格依法办事。要下大气力改变一些地方和

　　1994 年 12 月 9 日，党和国家领导人江泽民、乔石、李瑞环、刘华清、胡锦涛等出席中共中央在中南海举办的法律知识讲座，听取华东政法学院教授曹建明讲授国际商贸法律制度及关贸总协定。

部门、一些干部和群众中存在的"有法不知道，知道不执行，执行不严格"的状况。小平同志指出，加强法制重要的是要进行教育，要在全体人民中树立法制观念。我们要大力做好法律宣传工作，使法律为尽可能多的人所了解。电视、广播、报刊等新闻媒体，要把宣传法律知识作为一项经常性的重要工作。各部门、各地区都要坚持不懈地开展法制宣传教育，提高广大干部和群众的法制观念和依法办事的能力。要在全社会树立宪法和法律的权威。凡是宪法和法律规定的，都要不折不扣地执行。越是领导机关、领导干部，越要带头学法、懂法、守法，学会依法管理经济和社会事务。还要不断改进、完善司法制度和行政执法机制，提高司法和行政执法水平。各级人大常委会要把加强对法律实施的检查监督放在重要位置。要围绕改革开放和社会主义现代化建设的重大问题，以及人民群众反映强烈的问题，确定一个时期执法检查的重点，加强对有关社会主义市场经济方面法律实施情况的检查监督，努力提高执法检查的效果。对发现的问题，要督促有关部门严肃认真地处理，以取信于民。总之，我们要认真履行宪法和法律赋予的职责，扎扎实实地工作，推动社会主义民主和法制建设取得更大的进展。希望我们的同志在全党和全国人民为夺取明年改革和建设事业新胜利的奋斗中，作出自己应有的贡献！

最后，在元旦来临之际，借这个机会给各位拜个早年，谢谢大家！

　　1994年2月10日（大年初一），乔石来到三亚凤凰国际机场施工现场，向紧张施工的工人和工程技术人员致以亲切的节日问候。他对来自四川内江的青年民工说：你们"川军"都打到天涯海角来了！

努力建设有中国特色的
社会主义市场经济法律体系 *

（1994 年 1 月 14 日）

关于继承和发扬党的密切联系群众的优良传统

问：每逢佳节，党和国家领导人都要到各地慰问和看望人民群众，这一优良传统和领导作风，给全国人民留下了深刻印象。据我所知，去年春节的第一天，您是在杭州汽轮动力（集团）公司，给节日期间在生产第一线的职工拜年。值此 1994 年新春佳节即将到来之际，我们很想知道委员长有何希望与祝福？

答：与人民群众保持最广泛、最密切的联系，是中国共产党的优良传统和作风。党和国家领导人在节假日期间采取各种不同方式看望和慰问群众，是很必要和自然的。我希望我们的全体党员、全体干部包括各级人大代表，继续发扬密切联系群众的优良传统，全心全意为人民服务，多办好事，多办实事，真正成为人民的公仆。

在新的一年里，我们面临的加速建设、继续加强宏观调控、进一步深化改革的任务还是非常艰巨繁重的，有许多问题需要我们去解决。我们一定要坚决遵循有中国特色社会主义理论，认真贯彻十四届三中全会精神，兢兢业业地、一步一个脚印地把已经决定的事，坚定不移地办好。在抓经济建设的同时，必须重视抓好精神文

---

* 这是乔石同志答《中华英才》总编辑问。

明建设，并十分注意社会主义民主和法制建设。

关于建立社会主义市场经济法律体系

问：不久前召开的中共十四届三中全会，审议并通过了《中共中央关于建立社会主义市场经济体制若干问题的决定》。您曾多次讲过，社会主义市场经济体制的建立和完善，必须有完备的法制来规范和保障。作为最高国家权力机关的全国人民代表大会，如何在本世纪末初步建立社会主义市场经济的法律体系？

答：党的十四届三中全会通过的《中共中央关于建立社会主义市场经济体制若干问题的决定》，是在邓小平同志建设有中国特色社会主义理论和党的十四大精神指导下，制定出的建立社会主义市场经济体制的总体规划，它是指引全党和全国人民在 90 年代进行经济体制改革的行动纲领，必将有力地推动改革开放和现代化建设事业的全面发展。

八届全国人大及其常委会任期的五年，是我国建立社会主义市场经济体制、实现现代化建设第二步战略目标的关键时期。建立社会主义市场经济体制是一项开创性的伟大事业，从计划经济到市场经济的平稳过渡，在世界上还没有先例；如何建立社会主义市场经济的法律体系，同样没有现成的模式。这些都要靠我们去探索。党的十一届三中全会以来，全国人大及其常委会制定的法律和有关法律问题的决定达 200 多件。八届全国人大一次会议至今，已通过法律 13 件，有关法律问题的决定 11 件，今后将有一批重要法律陆续出台。这些法律的制定和实施，对于建立社会主义市场经济体制，起到了引导、规范、保障和约束的作用。但是，社会主义市场经济的法律体系包含的内容非常广泛，需要制定的法律很多，我们一定要搞好立法规划。就目前的情况看，全国人大及其常委会必须抓紧制定关于规范市场主体行为、维护市场经济秩序、完善宏观调控、健全社会保障等方面的法律。这些方面的立法，都是建立和完善社会主义市场经济体制所必需的。社会主义市场经济体制的建立和完善，必须有完备的法制来规范和保障。要以改革的精神加快经济立法，改变法律滞后的状况，使人们在市场经济条件下，知道允许做什么、不允许做什么，什么是合法的、什么是违法的。用法律引导、推进和保障改革的顺利进行，为社会主义市场经济提供法律依据。同时，要适时修改和废止与建立社会主义市场经济体制不相适应的法律和法规，这样才能保证市场经济法律体系的统一性和协调性。

立法工作当前突出的问题是什么

问：您认为在建立适应社会主义市场经济的法律体系过程中，应当突出解决的问题是什么？

答：制定社会主义市场经济的法律，必须以建设有中国特色社会主义理论和党的十四大精神为指导，以宪法为依据，大胆探索，勇于实践，以改革的精神对待和解决立法中遇到的问题和难点。第一，立法要同改革开放进程相适应。我们要深刻领会小平同志讲的法律有比没有好，快搞比慢搞好的精神，加快经济立法步伐。一些应兴应革的事情，要尽可能先制定法律后行动，避免立法滞后于改革。第二，局部利益要服从国家整体利益。发展市场经济，必然要打破行政权力划分的传统格局。起草法律一定要从全局出发，从维护国家和人民的根本利益出发，避免不适当地强调局部的利益和权力。第三，立足于中国国情，大胆吸收和借鉴国外的有益经验。第四，搞好地方人大立法，抓紧制定有关市场经济方面的地方性法规。第五，更好地发挥专家在立法工作中的作用。小平同志早就说过，要多找一些各方面的专家参加立法工作。这个意见很重要。今后，无论哪个部门起草法律，都要吸收有关方面的专家参加起草工作。这样既可以把各方面的意见集中起来，做到集思广益，加快立法步伐，又有利于立法、司法和法制宣传教育等各方面干部队伍的建设。第六，在加快立法步伐的同时，注重提高立法质量。制定法律，要做深入的法理研究和反复论证，拟定条文，要尽可能明确、具体、便于操作，还要注意法律之间的衔接和配套。制定了法律，有的要抓紧制定实施细则，有的需要做好法律解释，同时加强法律实施情况的检查监督，使法律起到有效地保障和促进社会主义市场经济发展的作用。我曾经讲过，我们常委会全体组成人员，必须把立法工作放在最重要的位置，作为第一位的任务，扎扎实实地把市场经济立法搞得更快一点，更好一点，不辜负人民的重托。

关于地方立法

问：听了您的介绍，使我们对解决经济立法中遇到的问题，有了新的认识。记得您在视察广东谈到地方立法时，曾经讲过"不要等成套设备"的话。您能否就刚才谈到的地方人大立法问题，作进一步的阐述？

答：地方人大立法是全国人大及其常委会立法的重要补充。全国人大及其常委会要抓紧制定市场经济的法律，但在短时间内把有关法律都搞出来，是做不到的。地方人大及其常委会要抓紧制定有关市场经济方面的地方性法规。特别是一些改革开放搞得比较早的地方，积累的经验比较多，应当先行一步，成为经济立法工作的试验区，为制定法律提供经验。我国地域辽阔，各地发展不平衡，法律不可能把各种情况都规定进去，各地可以从本地实际出发，制定实施细则。地方性法规不能同宪法、法律和行政法规相抵触，这是一条重要原则。但考虑到有的地方的改革需要先行试点，取得经验，如果起草地方性法规碰到与法律不协调的情况，可以主动提出来商议，通过法律程序合理解决。

关于学习和借鉴世界各国先进立法经验

问：您曾在不同场合多次讲过：要广泛地学习和借鉴国外的立法经验。这句话给我们留下了深刻的印象。您能否谈谈今后这方面的工作如何开展？

答：制定社会主义市场经济方面的法律，对我们是个新课题。制定法律和法规要从中国的实际出发，也要广泛地研究借鉴世界上所有国家的立法经验，吸收对中国有用的东西。所有的法律，都要有利于发展经济，有利于维护国家的安定团结。立法必须从我国国情出发，但这并不排除我们吸收国外的经验。凡是国外立法中比较好的又适合我们目前情况的东西，我们都应当大胆吸收，他们走过的弯路，也值得我们借鉴。有些适合我们的法律条文，可以直接移植，在实践中充实、完善。市场经济是开放型经济、国际性经济，我国有关市场经济的一些法律，需要同国外的有关法律和国际惯例相衔接。这样做，不仅会加快我国市场经济立法步伐，还有利于我国与国际经济的发展接轨，参与国际经济竞争。人大要适应对外开放的形势，积极主动而又有步骤地开展与各国议会的友好交往，广交朋友，增进友谊，努力为我国社会主义现代化建设和改革开放创造一个良好的国际环境。

反腐败必须严格执法

问：在您的讲话中，多次谈到反对腐败、加强廉政建设问题。那么，在建立社会主义市场经济体制的过程中，如何坚持开展反腐败斗争？

答：建立社会主义市场经济体制必须坚持反腐败。加强廉政建设，反对腐败是建立社会主义市场经济体制的必要条件和重要保证，也是关系改革事业成败，关系党和国家命运的大事。早在我国实行改革开放政策的初期，邓小平同志就强调一手抓建设和改革开放，一手抓打击经济犯罪；以后又一再告诫我们，在整个改革开放过程中都要反对腐败，这是一个长期的经常性的斗争。江泽民同志在中共中央纪律检查委员会第二次全体会议上作的重要讲话，阐明了反腐败斗争的重大意义和应当遵循的原则，对推进新形势下的反腐败斗争，加强党的建设和政权建设，保证改革开放和经济建设的顺利进行，具有重要的指导意义。

解决腐败问题要搞综合治理，需要运用教育的、行政的、法律的多种手段，才能取得成效。近些年来，全国人大及其常委会先后制定了一系列法律，对制裁贪污、贿赂、走私、卖淫嫖娼、贩毒吸毒等违法犯罪活动，作出了明确具体的规定，为打击经济犯罪、惩治腐败分子提供了法律依据。现在的问题是，这些法律执行得不够好。由于有法不依、执法不严、违法不究，甚至以言代法、以权压法、执法犯法的现象在一些地方和部门相当严重，致使有些犯罪分子逍遥法外，腐败行为得不到有效遏制。这种现象必须彻底改变。加强立法，严格执法，把惩治腐败纳入法制的轨道，就必须严格遵守和执行已经制定的法律、法规，坚持在法律面前人人平等，不允许任何组织或个人有超越法律的特权。人大及其常委会要加强对法律实施情况的检查监督，下大力气改变法律实施不力的状况。同时，还要认真研究社会主义市场经济条件下反腐败斗争的特点和规律，进一步制定和完善有关廉政建设的法律、法规，为更有力地惩治腐败提供法律依据。

加强反腐败斗争，还必须进一步健全党和国家的监督机制。我们搞社会主义市场经济，必然涉及中央和地方之间、各个部门之间经济管理权力的重新调整，需要同时建立起对权力的有效制约和监督机制。缺乏制约的权力很容易产生腐败。在建立社会主义市场经济体制的过程中，必须加强对权力的制约和监督。要把党组织的监督、国家机关的监督、政协的监督、人民群众的监督，以及舆论的监督等有机地结合起来，形成一个强有力的监督体系。人大及其常委会作为国家权力机关，应当依法对行政、审判、检察机关的工作进行监督。要围绕人民群众反映强烈的消极腐败方面的问题，听取政府、法院、检察院的汇报，督促他们采取切实措施予以纠正。要支持和督促执法机关抓紧查处大案要案，一查到底，不能手软。要认真受理人民群众的申诉、控告和检举。对人大及其常委会选举或任命的工作人员，如发现有贪污、受贿等腐败行为，要组织调查，该罢免的罢免，触犯刑律的要追究刑事责任。社会主义市场经济法律体系的建立和完善，必须有助于从根本上防范腐败现象的产生。

努力建设有中国特色的
社会主义民主政治[*]

(1994 年 3 月 22 日)

各位代表：

八届全国人大二次会议，经过全体代表的共同努力，各项议程已经进行完毕，取得了圆满成功。

会议期间，代表们从国家的整体利益和人民的根本利益出发，认真履行宪法赋予的职责，解放思想，实事求是，畅所欲言，共商国是，使会议通过的各项决议、决定充分反映和表达了全国各族人民的意志和愿望。会议显示了全国各族人民的大团结和推进改革、发展的必胜信心。这是一次民主团结、求真务实、开拓奋进的大会。它对于围绕经济建设这个中心，把社会主义市场经济、社会主义民主政治、社会主义精神文明全面推向前进，必将产生重大的作用。

这次会议审议和批准了李鹏总理的政府工作报告和其他报告，确定了 1994 年国家工作的基本方针和主要任务。我们一定要坚持以邓小平同志建设有中国特色社会主义的理论为指导，毫不动摇地坚持党的基本路线，全面贯彻党的十四大和十四届三中全会精神，贯彻落实这次会议通过的各项决议、决定。要抓住当前国际国内的有利时机，加快建立社会主义市场经济体制，保持国民经济持续、

---

* 这是乔石同志在八届全国人大二次会议上的讲话。

快速、健康发展，维护政治稳定，促进社会全面进步。全国各项工作都必须服从和服务于今年工作的大局，正确处理改革、发展和稳定的关系，努力做到在稳定中推进改革和发展，以改革和发展来实现社会的稳定和国家的长治久安。

今年是实现经济体制转换的重要一年，改革的措施出台较多，任务艰巨繁重。我们必须兢兢业业，全力以赴，精心组织，周密安排，真抓实干，确保这些改革措施的顺利实施。要进一步解放思想，坚持一切从实际出发，大胆探索，勇于实践，及时总结经验，妥善解决改革措施实施过程中出现的矛盾和问题，使各项改革措施不断完善。各地方、各部门要顾全大局，正确处理中央与地方、整体与局部的利益关系，服从国家改革和发展的整体部署，善于根据各地的具体情况贯彻执行中央的方针政策。要做好改革的宣传解释工作，使各项改革措施得到人民群众的充分理解和有力支持。只要我们思想一致，齐心协力，改革就一定能够达到预期的目标。

适应建立社会主义市场经济体制和现代化建设的需要，必须加强社会主义民主和法制建设。我们要努力建设有中国特色的社会主义民主政治，进一步完善人民代表大会制度，保障人民当家作主的民主权利。要加快立法步伐，用法律引导、推进和保障社会主义市场经济体制的建立和各项事业的顺利进行。八届全国人大常委会已经制定了五年立法规划，一定要认真组织实施，争取在本届任期内大体形成社会主义市场经济法律体系的框架。各级人大及其常委会要加强对法律实施的检查监督，坚决纠正有法不依、执法不严、违法不究的现象，维护法律的尊严，树立法律的权威，使改革开放和现代化建设事业沿着社会主义法制轨道健康发展。

现在，大家最关心的是这次会议后的落实问题。我们的各项工作，必须建立在维护人民群众利益的基础上，有利于解放和发展生产力，有利于增强我国的综合国力，有利于提高人民的生活水平。各级国家机关和国家工作人员要切实转变作风，深入实际，调查研究，倾听群众意见，关心群众疾苦，对关系群众切身利益的事情，绝不能掉以轻心，要一件一件地解决好。要坚决反对官僚主义，反对浮夸作风，力戒形式主义，不开不解决问题的会议，不发不解决问题的文件，不停留于一般号召，不说空话、套话，不要报喜不报忧，更不允许说假话。要廉洁奉公，勤政为民。要脚踏实地，埋头苦干，紧密依靠群众，创造性地开展工作。

会议结束后，各位代表就要回到自己的工作岗位。希望大家积极宣传和贯彻本次会议的精神和通过的各项决议、决定，认真履行代表职责，模范地遵守宪法和法律，积极投身于改革和建设的伟大实践。

各位代表！我们国家正在沿着有中国特色的社会主义道路阔步前进。全国各族人民要在邓小平同志建设有中国特色社会主义理论和党的基本路线指引下，紧密地团结在以江泽民同志为核心的党中央周围，同心同德，艰苦奋斗，为在本世纪末初步建立起社会主义市场经济体制，为把我国建设成为富强、民主、文明的社会主义现代化国家而努力奋斗！

各位代表！现在我宣布：第八届全国人民代表大会第二次会议胜利闭幕！

人大工作只能加强不能削弱*

（1994 年 6 月）

    各级人大的工作，包括立法工作、执法监督、法制宣传等都要加强。现在我们各方面的工作任务都很重，其中一个重要的方面，就是要在邓小平同志建设有中国特色社会主义理论的指导下，加强社会主义民主与法制建设，建立与社会主义市场经济相适应的法律体系。因此，人大的任务很重要，也很繁重。加强社会主义民主和法制建设，对加快改革开放和经济建设具有重要意义。建立与社会主义市场经济相适应的法律体系，不是一件容易的事情。八届全国人大常委会已经制定了五年立法规划。实现这个规划，就可以大体形成我国社会主义市场经济法律体系的框架。五年立法规划在实践过程中间恐怕还会有些改动，但立法工作是一定要加强的。不加强法制建设，市场经济的发展就无所遵循。例如搞股份有限公司及其他各类公司，这要有法律依据，要有法人代表，发生经济纠纷，就要由法院判决。所以现在法院的任务也重得很。国家要培养一批懂经济的律师，否则就不适应需要。有的西方国家，法律多得记不住，翻译也翻译不过来。我们当然不能照搬他们那一套，但应该看到，我们的法律还不多，还不适应社会主义市场经济发展的需要，所以我们的立法任务还很重。在这一届人大任期内，我们要力争把

---

* 这是乔石同志在贵州省考察时（1994 年 6 月 7—14 日）有关人大工作的谈话。

与社会主义市场经济有关的、主要的法律法规建立起来，因为国家是要依法治理的。党的十一届三中全会以后，小平同志有几次很重要的讲话都讲到要依法治国。大家都得依法办事。宪法和党章都规定了，党也要在宪法和法律的范围内活动。共产党领导制定的法律，党不遵守谁遵守？你如果不把法律当一回事，还能叫老百姓遵守法律吗？在进一步深化改革的过程中，加强社会主义民主和法制建设是很重要的。人大工作只能加强，不能削弱。

全国人大及其常委会有它自己的职责、职能。宪法和其他法律都规定了全国人大与地方各级人大的关系是指导关系。各级人大的工作按现在的体制，还是归同级党委领导。各级人民代表大会是各级国家权力机关，省人民代表大会就是省级国家权力机关。既然是这样，它就应该在省委的领导之下进行工作，省委也应该担起这个责任来。所谓全国人大与地方人大是指导关系，就是全国人大不包办代替各省、区、市人大的工作。但你说完全没有一点管的关系，那当然不是。全国有一个宪法，有一整套的法律，各地都必须遵守，如不遵守，全国人大还是要管的；如果执行不好，全国人大也要采取措施督促加以改进；工作有不够的地方，我们该提意见的还是要提。各级人大要在各级党委的领导下做好工作。我们的组织体系主要是两级：一个是中央这一级，一个是省、区、市这一级。当然其他各级也很重要，但比较起来，最关键的是这两级。不是说要调动两个积极性吗？有问题还是大家商量，如果中央决定的事情下面不知道，下面又不听中央的统一招呼，那样全国就形不成一盘棋了。两个积极性也好，全国一盘棋也好，都是毛主席早就提出来的，这符合我们中国的实际情况。只要两个积极性调动好了，整个国家也就好搞了，人大工作也是这样的。如何搞好人大工作，需要党内有一个统一的思想，统一的看法。

　　加强人大工作并不等于编制要增加多少，加强的含义是多方面的。人大机关的编制，还是要按照精简的原则，从实际出发来定，因为精简是中央的一个总方针，搞得人浮于事是不好的。具体多少为好，人大正在跟编委商量，争取搞得合适一点，各省情况也不完全一样。党政机关要带头精简，精简多少要实事求是。从全国范围看，各级人大的人数是有限的。人大如果能够精简还是要精简，不能精简的考虑考虑再说。人大工作主要不是靠人多，主要的是要有一批骨干力量，同时要调动多方面的力量。比如说立法吧，法学教授可以参加，社会上的研究机构也可以参加。如教育法怎么搞，教育界可以参加，也可以充分利用社会上现有的力量，这也是广泛发扬民主的过程。全国人大现在有一些法律的制定就是采取这个办法，指定哪一个同志负责，由他组织少数几个骨干，然后调动各界力量，包括政府有关部门。所以，也不一定人数越多越好。

　　关于基层人大组织的工作人员要不要，我个人还是倾向于要的。一个乡（镇）的人大，也就是一到两个专职搞人大工作的人嘛。当然不是绝对的，有的乡人口少，干部编制确实有限，本来就没有几个人，可以搞兼职。但大部分乡（镇）要有一两个人。这对加强基层党的建设、政权建设、法制建设，加强必要的监督，加强党与人民群众的联系，都有好处。这也是党委工作的一个重要环节。如果一个人都没有，光靠书记、乡长管也管不过来。所以我是赞成基层人大组织要有一到两个人的，个别特殊情况搞兼职也可以，反正要有人管。

　　民族区域自治法是要修改的，但它的基本原则不会改变，有些条文需要修改，全国人大已经有所考虑和安排了。当然，也还要到各地、各部门去广泛征求意见。在征求意见之后，有的可能吸收，有的可能不吸收，因为国家太大，各个民族也不一样。这个法，除了大力宣传以外，还要制定实施细则。没有实施细则，就不好执行。

人大干部的交流是必要的，没有什么规定说干部一进入人大机关就成了终身制。应该说，在需要调动的时候就调动。但有的人是需要稳定的，不要动得太频繁。有一些搞法律的、搞人大专门工作的，要相对稳定，以保证人大工作的连续性，老调动对工作不利。

好几个省市的同志都建议由中央开一个人大工作会议。我们也觉得开一个会好。这种会过去没有开过，也没有经验，要有准备后再开。一些大的问题，有个大体说法了，人大工作会议就好开了。

再接再厉不断进取，为加强社会主义民主法制建设作更大贡献

民主与法制创刊十五周年

一九九四年七月 乔石

399

在首都各界纪念人民代表大会
成立四十周年大会上的讲话

（1994 年 9 月 15 日）

同志们，朋友们：

今天，我们在这里隆重集会，纪念人民代表大会成立四十周年。举行这一纪念活动，是为了在邓小平同志建设有中国特色社会主义理论和党的基本路线指引下，遵循宪法的规定，进一步坚持和完善人民代表大会制度，更好地发挥国家权力机关的作用，以推进社会主义民主和法制建设，保障和促进改革开放和现代化建设的顺利进行。

一、人民代表大会制度是适合我国
国情的根本政治制度

1949 年中华人民共和国的诞生，开辟了我国历史上从未有过的人民当家作主的新纪元。代行全国人民代表大会职权的中国人民政治协商会议第一届全体会议通过的《共同纲领》，确定了我国的政权制度是人民代表大会制度。新中国成立初期，我们在恢复国民经济的同时，进行了一系列的政治和社会改革，提高了人民的组织程度和觉悟程度，为实行人民代表大会制度准备了条件。随着国家进入大规模经济建设的新时期，为了进一步巩固人民民主，充分发挥人民群众参加国家建设的积极性，召开各级人民代表大会就提到了重要

1994 年 9 月 15 日，首都各界纪念人民代表大会成立 40 周年大会在北京人民大会堂举行。图为乔石在会上讲话。

日程。1953 年下半年到 1954 年上半年，在全国范围进行了第一次空前规模的普选。在普选的基础上，由下而上逐级召开了地方各级人民代表大会会议。1954 年 9 月 15 日，第一届全国人民代表大会第一次会议庄严开幕。这次会议制定的我国第一部社会主义类型的宪法，对人民代表大会制度作出了比较系统的规定，确立全国人民代表大会为最高国家权力机关，它的常设机关是全国人大常委会，国务院是最高国家权力机关的执行机关，是最高国家行政机关。按照宪法规定，由全国人民代表大会产生了中华人民共和国主席和全国人大常委会、国务院、最高人民法院、最高人民检察院等国家机关。至此，我国以人民代表大会为基础的政权制度全面确立，国家权力开始由人民选举产生的人民代表大会统一行使。这是加强我国人民政权建设的重大步骤，是社会主义民主和法制建设的一个重要里程碑。

一个国家实行什么样的政治制度，是由这个国家的国情决定的，是一定社会历史发展的产物，有着深刻的政治、经济和文化根源。旧中国是一个半殖民地半封建的社会。一百多年来，各个阶级、各种社会势力围绕建立什么样的国家政治制度进行了激烈斗争。历史充分表明，在中国，无论是资产阶级君主立宪制，还是资产阶级共和制，始终是一种幻想，都行不通。代表帝国主义、封建主义、官僚资本主义利益的伪宪制，更为人民深恶痛绝。肩负历史重任的中国共产党，带领各族人民，团结一切爱国民主力量，经过艰苦卓绝的斗争，取得了新民主主义革命的胜利；与此同时，为建立新型的人民政权进行了不懈的探索和实践。第二次国内革命战争时期的工农兵苏维埃、抗日战争时期的参议会、解放战争时期的人民代表会议，都是党领导人民创造的新的政权组织形式，它为新中国成立后实行人民代表大会制度积累了丰富的经验。以毛泽东同志为代表的中国共产党人，把马克思主义国家学说同中国实际相结合，正确分析了中国社会和中国革命的性质，指出在中国这样的半殖民地半封建社会，取得新民主主义革命胜利后建立的政权，只能是工人阶级领导的、以工农联盟为基础的人民民主专政。这一政权性质，决定了政权组织形式既根本不同于资本主义国家的议会制，也不同于俄国十月革命后建立的苏维埃制度，只能是民主集中制的人民代表大会制度。实践充分证明，人民代表大会制度是植根于中国大地的、具有中国特点的政权组织形式。新中国成立之后实行这一制度，是历史的选择、人民的意愿。

我国人民代表大会制度的本质是人民当家作主。宪法规定，中华人民共和国的一切权力属于人民。人民行使国家权力的机关是全国人民代表大会和地方各级人民代表大会。各级人民代表大会都由民主选举产生，对人民负责，受人民监督；国家行政机关、审判机关、检察机关都由人民代表大会产生，对它负责，受它监督；中央和地方的国家机构职权的划分，遵循在中央的统一领导下，充分发挥地方主动性、积极性的原则。按照宪法规定，人民代表大会统一行使国家权力，在这个前提下，明确划分国家的行政权、审判权、检察权和武装力量的领导权，使国家权力机关和行政、审判、检察等机关，各司其职、协调一致地工作。国家权力机关集中和代表人民的意志和利益，制定法律和决定国家的重大问题；由国家行政、审判、检察等机关负责贯彻执行，并接受国家权力机关的监督。这样就能够保证国家权力掌握在人民手中，便利人民参加对国家的管理，充分发挥广大人民群众建设社会主义的积极性和创造性，有利于国家机构合理、高效运转。正如邓小平同志指出的："我们实行的就是全国人民代表大会一院制，这最符合中国实际。如果政策正确，方向正确，这种体制益处很大，很有助于国家的兴旺发达，避免很多牵扯。"[1] 所以，人民代表大会制度是最适合我国国情的根本政治制度，中国人民就是要用这样的政治制度来保证国家沿着社会主义道路前进。

二、新时期人民代表大会制度建设的重大发展

人民代表大会走过了 40 年的历程，尽管它在"文化大革命"时期遭受过严重破坏，但仍显示了强大的生命力。党的十一届三中全会总结了新中国成立以来的历史经验，特别是"文化大革命"的

---

[1]　《邓小平文选》第三卷，人民出版社 1993 年版，第 220 页。

沉痛教训，明确提出把党和国家的工作着重点转移到经济建设上来，我国从此进入了改革开放和现代化建设的新的历史时期，形成和保持了安定团结的政治局面，社会主义民主得到了恢复和发展，各族人民和各民主党派积极参与国家政治生活，人民代表大会制度建设和人大工作也进入了一个新的发展阶段。在新的历史时期，党和国家非常重视发展社会主义民主，健全社会主义法制，坚持和完善人民代表大会制度。邓小平同志指出："没有民主就没有社会主义，就没有社会主义的现代化。"[1]"为了保障人民民主，必须加强法制。必须使民主制度化、法律化，使这种制度和法律不因领导人的改变而改变，不因领导人的看法和注意力的改变而改变。"[2]这是新时期社会主义建设的一个极为重要的指导思想。邓小平同志还强调，在整个改革开放和现代化建设进程中，都要始终坚持一手抓建设，一手抓法制，两手都要硬的方针。这就把加强法制建设提到了战略性全局的高度。建设社会主义民主政治，使民主制度化、法律化的一个十分重要的方面，就是坚持和完善人民代表大会制度。党的十一届六中全会通过的《关于建国以来党的若干历史问题的决议》指出："逐步建设高度民主的社会主义政治制度，是社会主义革命的根本任务之一。建国以来没有重视这一任务，成了'文化大革命'得以发生的一个重要条件，这是一个沉痛教训。必须根据民主集中制的原则加强各级国家机关的建设，使各级人民代表大会及其常设机构成为有权威的人民权力机关"[3]。新时期的人民代表大会制度建设，就是按照上述指导思

---

[1]　《邓小平文选》第二卷，人民出版社 1994 年版，第 168 页。

[2]　《邓小平文选》第二卷，人民出版社 1994 年版，第 146 页。

[3]　《十一届三中全会以来重要文献选读》（上），人民出版社 1987 年版，第 347—348 页。

想进行的。

1982 年宪法和在此前后制定和修改的选举法、组织法等法律，按照党的发展社会主义民主、健全社会主义法制的基本方针，从我国实际情况和需要出发，对健全人民代表大会制度作出了一系列新的重要规定。主要是：第一，改进和完善选举制度。选举权和被选举权是人民行使国家权力的重要标志。为了保障人民自由地行使选举权利，选举法规定，实行自下而上、自上而下、充分民主地提出代表候选人的办法，政党、人民团体和选民或代表联名都可以依法提出代表候选人；把等额选举改为差额选举；把直接选举人民代表大会代表的范围扩大到县一级。第二，扩大全国人大常委会的职权和加强它的组织。我国地广人多，全国人大代表的人数不宜太少，但人数多了又不便于进行经常性工作。全国人大常委会作为全国人大的常设机关，其组成人员少，便于经常开会，进行繁重的立法及其他工作。所以，适当扩大全国人大常委会的职权，是加强人民代表大会制度建设的有效措施。宪法规定，全国人大和它的常委会共同行使国家立法权，除基本法律由全国人大制定外，其他法律都可以由全国人大常委会制定。同时规定，人大常委会组成人员不得担任国家行政、审判和检察机关的职务。还规定增设一些专门委员会，在全国人大和它的常委会领导下，研究、审议和拟定有关议案。第三，为了加强地方政权建设，规定县级以上地方各级人大设立常委会。这是我国政权建设的一项重要改革，它有效地加强了地方国家权力机关的工作，特别是加强了对同级人民政府、法院、检察院的监督，有利于人民行使管理国家的权力。第四，按照发挥中央和地方两个积极性的原则，规定省、自治区、直辖市人大及其常委会，根据本行政区域的具体情况和实际需要，在不同宪法、法律、行政法规相抵触的前提下，可以制定地方性法规；省、自治区的人民政府所在地的市和经国务院批准的较大的市的人大及其常委会，可以制定地方性法规，报省级人大常委会批准后施行。这有利于各地因时因地制宜，发挥主动性、积极性，加快整个国家的建设。第五，改变农村人民公社政社合一的体制，设立乡政权。这有利于加强基层政权建设，扩大其民主基础，更好地发挥它的作用。以上这些规定，对加强各级国家权力机关的工作和建设，健全国家体制，坚持和完善人民代表大会制度，有重要的现实意义和深远的历史意义。

改革开放16年来，各级人大及其常委会，在党的领导下，认真履行宪法和法律赋予的职责，积极探索，勇于实践，各项工作取得了很大进展。立法工作成就显著。全国人民代表大会1982年制定了现行宪法，随后，适应国家政治、经济和社会发展的要求，于1988年和1993年通过了两个宪法修正案；全国人大及其常委会制定了175个法律，通过了77个有关法律问题的决定；地方人大及其常委会制定了3000多个地方性法规；与此同时，国务院制定了700多个行政法规。现在，我国有了一部好宪法，有了刑事、民事和国家机构等方面的基本法律，还制定了香港特别行政区基本法和澳门特别行政区基本法，制定了一大批经济、科技、教育、行政、国防、民族、环保等方面的法律、法规，在国家政治生活、经济生活、社会生活等方面发挥着重要作用。各级人大及其常委会代表和集中人民的利益和意志，审议和决定了全国的和地方的一些重大事项，包括国民经济和社会发展的"六五"、"七五"和"八五"三个五年计划，关于兴建长江三峡工程的决议等，促进了国家决策的民主化、科学化。各级人大及其常委会围绕改革开放和现代化建设中的重大问题和人民群众关心的"热点"问题，逐步加强了对宪法、法律实施的监督和对行政、审判、检察机关的工作监督，保障了宪法和法律、法规的贯彻实施，推动了党和国家的路线、方针、政策的贯彻执行。还按照德才兼备原则和干部队伍"四化"方针，依法选举或任命了国家机关组成人员。人大常委会指导了三次县级以上各级人大代表的间接选举，四次县乡人大代表的直接选举，保证了换届选举工作的顺利进行。全国人大及其常委会还积极开展了与外国议会的交往，增进了与外国议会和人民之间的了解和友谊，促进了国家关系的发展。总之，人大及其常委会在党的领导下努力工作，推动了社会主义民主和法制建设，为促进改革开放和现代化建设，维护社会稳定，作出了积极贡献，赢得了人民群众的信赖和拥护。

我国实行人民代表大会制度40年特别是近16年的实践充分证明：人民代表大会制度同国家和人民的命运息息相关。能不能坚持和完善人民代表大会制度，切实发挥它的作用，直接关系到国家的政治生活是否正常，决策是否正确，社会主义事业能否顺利发展，国家能否长治久安。因此，我们在任何时候，在任何情况下，都要毫不动摇地坚持和完善人民代表大会制度，发挥这一制度的优势和功效。人民代表大会制度的建立和健全，都是在党的领导下进行的。只有坚持和改善党的领导，才能充分发挥人民代表大会制度的作用，而人民代表大会制度的加强和完善，可以更好地实现党对国家事务的领导。因此，完善党和国家的领导制度，加强和改善党对人大工作的领导，是坚持和完善人民代表大会制度的关键。各级人大及其常委会要紧紧围绕经济建设这个中心，认真履行宪法和法律赋予的职责，始终不渝地把加强社会主义民主和法制建设作为最重要的任务，保证人民当家作主，促进改革开放和现代化建设事业的发展。这是社会主义发展的必然要求，也是人民群众的共同愿望。

发展社会主义民主健全社会主义法制把我国建设成为富强民主文明的社会主义现代化国家

纪念人民代表大会成立四十周年

一九九四年七月 万石

三、进一步坚持和完善人民代表大会制度，更好地发挥国家权力机关的作用

以邓小平同志 1992 年初视察南方重要谈话和党的十四大为标志，我国改革开放和现代化建设事业进入了一个新的发展阶段。当前，国际国内形势为我们的改革和发展提供了不可多得的有利时机。我们要抓住机遇，深化改革，扩大开放，促进发展，保持稳定，力争在本世纪末初步建立起社会主义市场经济体制，实现国民经济和社会发展第二步战略目标。根据国家总的形势和任务的要求，必须继续加强社会主义民主和法制建设，进一步坚持和完善人民代表大会制度，更好地发挥国家权力机关的作用。

第一，积极推进政治体制改革，努力建设有中国特色的社会主义民主政治。

同经济体制改革和经济发展相适应，必须按照民主化和法制化紧密结合的要求，积极推进政治体制改革，努力建设有中国特色的社会主义民主政治。人民是我们国家和社会的主人，也是社会主义事业的主人。改革和建设是人民群众自己的事业，没有广大人民群众的自觉参加、热情支持和共同努力，就不可能取得成功。人民民主是社会主义的本质要求和内在属性。只有发展社会主义民主，调动广大人民群众的积极性，才能实现社会主义现代化。发展社会主义市场经济的过程，同样应当是建设社会主义民主政治的过程，要使两者相互配合，协调发展。这样才能更好地发展生产力，发挥社会主义的优越性。建设社会主义民主政治，必须从我国实际出发，沿着社会主义方向和轨道有领导有秩序地进行。我们可以借鉴资本主义国家的某些有益的东西，但绝不能照搬西方的那一套政治模

式。必须划清社会主义民主和资本主义民主的界限，划清社会主义民主同极端民主化、无政府主义的界限，树立正确的民主观。民主政治建设必须服从和服务于改革、发展和稳定的大局。

建设社会主义民主政治，最重要的是坚持和完善人民代表大会制度。我们的人民代表大会制度是个好制度，但由于我国处于社会主义初级阶段，受社会政治、经济、文化等条件的制约，在一些具体的民主制度、民主程序和工作方式上还存在着缺陷。要按照宪法规定，加强国家权力机关建设，使人大及其常委会成为有权威的国家权力机关，成为能够担负起宪法赋予的各项职责的工作机关，成为联系群众、反映民意、解决矛盾的为人民所充分信赖的代表机关。这是全党和全国人民的共同任务。我们广大干部，特别是各级领导干部，要增强民主和法制观念，提高对人民代表大会制度的认识，把思想统一到宪法上来，切实按照宪法办事，自觉地维护国家的这一根本政治制度。各级人大及其常委会要认真行使宪法规定的各项职权，保障宪法和法律的贯彻实施，保证党的十四大和八届全国人大提出的各项任务的完成，积极推进社会主义市场经济体制的建立和完善。人大及其常委会的一切工作，都要以国家和人民的根本利益为出发点，以有利于发展社会主义社会的生产力、有利于增强社会主义国家的综合国力、有利于提高人民的生活水平为检验标准，进一步解放思想，实事求是，切实发挥国家权力机关的作用。

第二，高度重视社会主义法制建设，努力做到有法可依、有法必依、执法必严、违法必究。

发展社会主义市场经济，对法制建设提出了新的更高的要求。社会主义市场经济体制的建立和完善，必须有完备的法制来引导、规范和保障。党的十四届三中全会通过的《关于建立社会主义市场经济体制若干问题的决定》，勾画了社会主义市场经济体制的蓝图，同时也明确了法制建设的目标。实现这个目标，首先要加快立法进程，抓紧制定有关市场经济方面的法律。八届全国人大常委会提出，要在本届任期内大体形成社会主义市场经济法律体系的框架。为此制定了五年立法规划，其中规范市场主体、维护市场秩序、加强宏观调控、完善社会保障等方面的立法项目，是立法工作的重点。同时，也安排了加强社会主义民主政治建设、健全国家机构组织制度、惩治犯罪活动、维护社会治安、促进教育科学文化事业发展、保护环境资源和加强国防建设等方面的一些立法项目。还要对过去制定的已不适应现实情况的一些法律规定，适时进行修改。我们面临的立法任务是繁重的，这需要全国人大及其常委会和各有关单位齐心协力，通力合作，以保证立法任务的顺利完成。享有制定地方性法规权力的人大及其常委会，应当根据本行政区域的实际情况和改革、建设的需要，抓紧制定地方性法规，作为社会主义市场经济法律体系的补充。我们要进一步解放思想，开阔视野，更新观念，以改革的精神对待和解决立法中遇到的问题和难点。要对社会主义市场经济法律体系进行深入研究，力求制定的法律符合社会主义市场经济的特点和规律，体现公平、公正、公开、效率的原则，以利于进一步解放和发展生产力。制定法律要从人民和国家的根本利益着眼，不能只从部门和地方利益出发，不适当地强化本部门、本地区的权力。立法要立足于我国国情，大胆吸收和借鉴世界各国有益的立法成果和经验，并注意与国际通行的规则和惯例的必要衔接。在立法过程中，要广泛听取各方面的意见，注意吸收专家和学者参加立法工作，实行实际工作者和专家学者相结合。现在，我国的立法步伐明显加快，公司法、反不正当竞争法、预算法、对外贸易法、城市房地产管理法、劳动法等一批有关市场经济方面的法律相继出台，市场经济法制化的局面正在开始形成。

法律制定后，必须坚决贯彻执行。严格执法，是加强法制建设的关键一环。必须大力加强和改善行政执法和司法工作，加强执法队伍建设，提高人员素质和执法水平。各级人大常委会要把对法律实施的监督放在重要位置，有计划、有重点地开展执法检查，努力提高执法检查的效果，坚决纠正人民群众反映强烈的那些有法不依、执法不严、违法不究的现象，保障和推动社会主义现代化建设事业沿着法制轨道健康发展。法制建设的根本是教育人。要把法律知识的宣传和法制教育作为一项经常性的重要工作。要充分发挥电视、广播、报刊等新闻媒介的作用，形成持久、有力的法律宣传声势，并对违法现象和违法行为进行批评教育。要继续深入开展法制教育，大力普及宪法、法律特别是有关社会主义市场经济方面的法律知识，使广大群众知法守法，学会运用法律武器同违反法律的行为进行斗争，维护自己的合法权益。要按照依法治国的要求，做到依法管理、依法办一切事业。各级国家工作人员，特别是领导干部，要带头学习、掌握法律基本知识，增强法制观念，提高依法决策、依法行政、依法办事的自觉性。要在全社会树立宪法和法律的权威，任何组织或者个人都不允许有超越宪法和法律的特权，一切违反宪法和法律的行为必须予以追究。

第三，健全监督机制，促进各项改革措施的落实。

在我国政治、经济和社会生活中，有各种形式的监督。有党组织的纪律检查监督，有国家权力机关的监督，有政府的行政监督，有检察机关的法律监督，有政协和民主党派、人民团体的民主监督，还有新闻舆论监督，等等。为了保障改革开放和现代化建设的顺利进行，保障人民的民主权利不受侵犯，各种监督都需要进一步加强，形成强有力的监督体系。人大及其常委会的监督，是国家监督中最具权威的有法律效力的监督。它是人民行使管理国家权力的重要体现，有利于健全决策体系，减少失误，有利于防止和消除腐败，有利于国家机构的高效、合理运转。在改革开放的新形势下，更需要发挥国家权力机关的监督作用。

1994 年 9 月 16 日，乔石在北京人民大会堂参观纪念人民代表大会成立 40 周年书画展。

　　各级人大及其常委会要在党的领导下，加强对政府、法院、检察院的工作监督。这种监督，有利于这些机关严格地按宪法和法律办事，同时也是对它们工作的一种不可缺少的帮助和支持。要继续坚持听取和审议行政、审判、检察机关工作报告的制度，监督各项改革措施的落实，督促他们把各项工作做得更好。要逐步改进和加强对国家计划和预算的监督，认真做好审查和批准国民经济和社会发展计划、财政预算的工作，并严格监督其执行。加强廉政建设、惩治腐败，是关系改革事业成败、关系国家命运的大事。要运用法律的力量，坚决禁止和严格防范以权谋私、搞权钱交易。要加强对人大及其常委会选举和任命的工作人员的廉政监督。如发现有贪污、受贿等腐败行为，该罢免的罢免，该撤职的撤职，触犯刑律的由司法机关依法追究刑事责任。要支持、督促法院、检察院严格执法，抓紧查处大案要案，坚决惩处腐败分子。

第四，进一步密切各级人大同人民群众的联系，加强国家权力机关的组织制度建设。

人民的根本利益和共同意志，是一切国家机关工作的出发点。人大及其常委会应当进一步密切同人民群众的联系，更好地代表人民，并接受人民的监督。只有充分反映人民群众的意见和要求，集中人民群众的智慧，才能真正代表人民的意志和利益，依法行使好各项职权，使制定的法律和作出的决定符合实际、切实可行，使选举、任命的国家工作人员符合人民的心愿。各级人大代表、人大常委会组成人员，要同原选举单位和人民群众保持密切联系，全心全意为人民服务；要深入实际，调查研究，体察民情，随时注意了解经济建设和改革开放中出现的新情况、新问题，积极主动地提出改进工作的意见和建议；对涉及人民群众切身利益的改革措施，要多做宣传解释工作，善于引导广大群众理解和支持改革。全国各级人大代表有 360 万人，这是一支很重要的力量。要充分发挥他们联系人民群众的桥梁和纽带作用。各级人大常委会和政府要加强同代表的联系，经常倾听代表的意见和批评，不断改进自己的工作。同时，要为代表履行代表职责提供方便和条件。

适应新时期繁重工作任务的需要，各级人大及其常委会要加强组织建设和制度建设。要进一步提高人大常委会组成人员的专职化和年轻化程度。要不断加强人大专门委员会的建设。人大及其常委会工作的特点是集体行使职权，集体决定问题。必须坚持民主集中制原则，充分发扬民主，严格按照法律程序办事。在审议决定问题时，要做到畅所欲言，各抒己见，反映真实情况；经过充分讨论，集思广益，在民主的基础上集中正确的意见，进一步提高议事效率和水平。人大机构要根据工作需要，按照精简、统一、效能的原则设立。人大工作必须加强，不能削弱。

第五，加强和改善党的领导，是坚持和完善人民代表大会制度的根本保证。

我们党领导中国人民经过长期浴血奋斗，争得了人民民主，创建了人民代表大会制度；党又领导人民，发展社会主义民主，健全社会主义法制，坚持和完善人民代表大会制度。没有共产党的领导，就不可能改变中国人民几千年来受奴役、受压迫的地位，不可能建立人民民主专政的政权，使人民成为国家的主人。没有共产党的领导，就不可能取得社会主义建设事业几十年的巨大成就，也就不可能实现社会主义现代化。中国共产党的领导地位和作用是在长期革命斗争中形成的，是我国宪法确认的，是由党的先进性以及它与人民群众的密切联系所决定的，任何其他政治力量都无法代替它。正如邓小平同志说的："在中国这样的大国，要把几亿人口的思想和力量统一起来建设社会主义，没有一个由具有高度觉悟性、纪律性和自我牺牲精神的党员组成的能够真正代表和团结人民群众的党，没有这样一个党的统一领导，是不可能设想的，那就只会四分五裂，一事无成。这是全国各族人民在长期的奋斗实践中深刻认识到的真理。"[1] 因此，坚持和完善人民代表大会制度，必须依靠党的领导。

我们党是执政的党，党的执政地位是通过党对国家政权机关的

---

[1] 《邓小平文选》第二卷，人民出版社 1994 年版，第 341—342 页。

领导来实现的。各级政权机关，包括人大、政府、法院和检察院都必须接受党的领导，坚决贯彻党的路线、方针、政策。当然，党同国家政权机关的性质不同，职能不同，组织方式和工作方式也不同。党的领导主要是政治、思想和组织的领导。党对国家事务的领导，主要是政治原则、政治方向、重大决策的领导和向国家政权机关推荐重要干部。党组织关于国家事务的重大决策，凡是应当由人大或人大常委会决定的事项，都要提交人大或人大常委会经过法定程序变成国家意志。各级党组织要尊重宪法和法律规定的人大及其常委会的地位，支持人大及其常委会依法行使职权，重视发挥它的作用。各级党组织和全体党员都要遵守党章关于"党必须在宪法和法律的范围内活动"的原则，以及宪法关于"任何组织或者个人都不得有超越宪法和法律的特权"的规定，一切活动都不得同宪法和法律相抵触。我们党领导人民制定了宪法和法律，也要领导人民执行宪法和法律。宪法和法律是党的主张和人民意志的统一，执行宪法和法律就是遵从人民的意志，维护党的领导。

同志们，朋友们！我们国家正处在一个重要的历史发展时期。我们面临的任务是伟大而艰巨的。在新的形势下，我们要紧密地团结在以江泽民同志为核心的党中央周围，坚定不移地执行党的基本路线，牢牢把握经济建设这个中心，努力发展社会主义市场经济，发展社会主义民主政治，发展社会主义精神文明，把建设有中国特色社会主义的伟大事业不断推向前进，为实现 90 年代的战略任务，胜利迈向 21 世纪，为把我国建设成为富强、民主、文明的社会主义现代化国家而努力奋斗！

1994 年 11 月 11 日，乔石在悉尼洲际饭店法律理事会午餐会上就"中国的改革开放和澳中经贸合作"发表讲演。

建立社会主义市场经济
法律体系框架*

（1994 年 12 月 16 日）

问：您在全国人大常委会的会议上和在视察外地的谈话中多次讲过，社会主义市场经济体制的建立和完善，必须有完备的法制来规范和保障。我国立法工作当前面临的形势和任务是什么？

答：从十四大修改党章到八届人大修改宪法，把我国实行社会主义市场经济这一条明确规定下来了。这是党的十一届三中全会以来改革开放和现代化建设伟大实践的继续和发展。发展社会主义市场经济，离不开法制建设。要建立适应社会主义市场经济发展的法律体系，立法的任务很重。

从计划经济到市场经济的平稳过渡，在世界上还没有成功的先例，要靠我们自己去探索；如何建立市场经济的法律体系框架，同样没有现成的模式，也要靠我们自己去探索。加快改革开放，发展社会主义市场经济，迫切要求立法工作有一个迅速的发展。今后五年，是我国从旧经济体制向新经济体制转换的关键时期。建立和健全市场经济法制体系，是培育和发展社会主义市场经济不可分割的组成部分。社会主义市场经济的发展，必须有法律来引导、规范、保障和约束。因此，本届全国人大常委会在五年任期内一定要抓紧时机，尽快制定一批有关市场经济的法律，大体形成社会主义市场

---

* 这是乔石同志答香港《中国法律》杂志记者问。

经济法律体系的框架。这是一项十分紧迫和繁重的任务。

问：社会主义市场经济法律体系的框架包含的内容非常广泛，需要制定的法律很多，您认为当前应当着重解决的问题是什么？

答：制定社会主义市场经济的法律，必须以建设有中国特色社会主义的理论和党的基本路线为指导，以宪法为依据，大胆探索，勇于实践，以改革的精神对待和解决立法中遇到的问题和难点。第一，立法要同改革开放进程相适应。要总结改革开放的经验，把实践证明是正确的东西用法律的形式肯定下来，使改革的成果得以巩固。还必须充分认识到法律对社会经济发展的指导作用，应当通过法律来规范和指导改革开放的发展，依靠国家的力量排除改革开放中遇到的阻力，有力地推动社会主义市场经济体制的建立。我们要深刻领会邓小平同志讲的法律有比没有好，快搞比慢搞好的精神，一些应兴应革的事情，要尽可能先制定法律后行动，尽量避免立法工作滞后于改革需要的状况。第二，局部利益要服从国家整体利益。起草法律一定要从全局出发，从维护国家和人民根本利益出发，避免不适当地强调局部的利益和权力。第三，立足于中国国情，大胆吸收和借鉴国外经验。要加强对我国各方面实际和现在实行的各项改革措施及法律、法规贯彻实施情况的调查研究，及时总结经验，使之不断完善。对于国外立法中比较好的又适合我们目前情况的东西，我们都应当大胆吸收。他们走过的弯路，也值得我们借鉴。有些适合我们的法律条文，可以直接移植，在实践中充实、完善。第四，地方人大立法是全国人大及其常委会立法的重要补充。全国人大及其常委会要抓紧制定市场经济的法律，但在短时期内把有关法律都搞出来是做不到的。地方人大及其常委会也要抓紧制定有关市场经济的地方性法规。特别是一些改革开放搞得比较早的地方，积累的经验比较多，应当先行一步，成为经济立法工作的试验区，为制定法律提供经验。另外，我国地域广阔，各地发展不平衡，法律不可能把各种情况都规定进去。地方可以从本地实际出发，制定实施细则。地方性法规不能同宪法、法律和行政法规相抵触，这是一条重要原则。但考虑到有的地方的改革需要先行试点，取得经验，如果起草地方性法规碰到与法律不协调的情况，可以主动提出来商议，通过法律程序妥善解决。第五，更好地发挥专家在立法工作中的作用。今后，无论哪个部门起草法律，都要吸收有关方面的专家参加起草工作。全国人大专门委员会和常委会工作机构可以更多地牵头组织专家、学者起草法律，也可以委托专家、学者起草。第六，在加快立法步伐的同时，注重提高立法质量。制定法律要做深入的法理研究和反复论证；拟定条文要尽可能明确、具体，便于操作，还要注意法律之间的衔接和配套。制定了法律，有的要抓紧制定实施细则，有的需做好法律解释，同时加强法律实施情况的检查监督，使法律起到有效地保障和促进社会主义市场经济发展的作用。

问：按照建立社会主义市场经济法律体系框架的要求，目前急需出台哪几方面的法律？

答：从目前情况看，我们应当继续抓紧出台以下几个方面的法律：一是规范市场主体的法律。必须用法律来保障和明确市场主体的权利和义务。确保它们能够自主经营、自负盈亏、自我发展、自我约束。二是调整市场主体关系、维护公平竞争的法律。社会主义市场交换关系必须遵守自愿、公平、等价有偿、诚实信用的原则。这就需要规范市场主体的竞争行为，维护市场秩序。三是改善和加强宏观调控、促进经济协调发展方面的法律。市场有其自身的弱点和消极方面，必须改善和加强国家对市场经济的宏观调控。有些市场经济高度发达的国家，也认为他们实行的是严格宏观调控下的市场经济。我们国家处于机制转换过程中，既需要解放思想，放手培育市场，充分发挥竞争机制的作用，也丝毫不能忽视国家对市场的宏观调控，这就需要加紧制定、完善这方面的法律。四是建立和健全社会保障制度方面的法律。对市场经济造成的破产、失业等，需要有相应的社会保障，减少社会震动。因此，有关社会保障方面的法律都必须重视。我们任何改革措施和法律的制定，都要很好地考虑到维护社会稳定。以上几个方面的立法，都是建立和完善社会主义市场经济体制所必需的。还需要指出，我们是从计划经济体制向市场经济体制转轨的，过去制定的法律有的已不适应社会主义市场经济发展的要求，有必要进行认真清理，该修改的修改，该废止的废止。这样才能保证社会主义市场经济法律体系的统一性和协调性。同时，也要强调一下，除了经济立法之外，人大及其常委会也要抓紧其他方面重要法律的制定，如教育法等。

问：您曾经讲过全国人大常委会的工作重点是，紧紧围绕经济建设这个中心，认真行使宪法规定的各项职权，加快经济立法，健全监督机制。请您具体谈谈如何搞好监督工作。

答：全国人大常委会要切实承担起监督法律实施的职责。要制定和完善监督法律实施的具体制度和程序。要继续坚持把法律实施情况的检查监督放在同立法同等重要位置，制定执法检查计划，有重点地开展执法检查，并把听取和审议执法检查情况的汇报列入常委会会议议程。必要时，常委会可以作出决定。对检查中发现的问题，委员长会议和专门委员会要督促有关部门抓紧解决。国务院及其有关部门、最高人民法院、最高人民检察院应将解决这些问题的情况向人大常委会报告。对重大、典型的违法案件，常委会可以组织调查，必要时可以通过新闻媒介公之于众。同时要督促司法机关依照法律程序纠正错案。有需要时，常委会可以采取质询、组织特定问题调查等监督手段，但不直接处理案件。

问：反腐败、加强廉政建设问题，是您非常重视的。请您谈谈在建立社会主义市场经济体制中，如何坚持开展反腐败斗争？

答：解决腐败问题，要综合治理，既治标又治本。小平同志指出，还是要靠法制，搞法制靠得住些。这就是说，必须加强立法，严格执法，把惩治腐败纳入法制的轨道。近些年来，全国人大及其常委会先后制定了一系列法律，对制裁贪污、贿赂、走私以及卖淫嫖娼、贩毒吸毒等违法犯罪活动，作出了明确具体的规定，为打击经济犯罪、惩治腐败分子提供了法律依据。现在的问题是，这些法律执行得不够好。当今世界上许多国家，都把严格执法作为解决廉政问题的重要手段。我们坚决反对腐败，必须严格地遵守和执行已经制定的法律、法规，坚持在法律面前人人平等，不允许任何组织和个人有超越法律的特权。要认真研究社会主义市场经济条件下腐败现象滋生的特点和规律，进一步制定和完善有关廉政建设的法律、法规，为更有力地惩治腐败提供法律依据。必须加强立法，尤其是经济立法，促进社会主义市场经济体制的建立和完善。从根本上防范腐败现象的发生。必须进一步健全党和国家的监督机制。要把党组织的监督、国家机关的监督、政协的监督、人民群众的监督，以及舆论监督等有机地结合起来，形成一个强有力的监督体系。人大及其常委会作为国家权力机关，应当依法对行政、审判、检察机关的工作进行监督。要围绕人民群众反映强烈的消极腐败的问题，听取政府、法院、检察院的汇报，督促他们采取切实措施予以纠正。要支持和督促执法机关抓紧查处大案要案，一查到底，不能手软。要认真受理人民群众的申诉、控告和检举。对人大及其常委会选举或任命的工作人员，如发现有贪污、受贿等腐败行为，可以组织调查，该罢免的罢免，触犯刑律的要追究刑事责任。

反对腐败，必须切实重视和大力加强社会主义精神文明建设，树立良好的社会风尚。

努力加强法制建设
积极推进政治体制改革 *

（1995 年 1 月 5 日）

关于立法工作。为了适应社会主义市场经济的发展，八届全国人大常委会制定了立法规划，加快了立法进程，提出要在本届任期内大体形成社会主义市场经济法律体系的框架。一年多来，全国人大及其常委会已经制定了 31 件法律和 15 件有关法律问题的补充规定，其中有关市场经济的 21 件。全国人大及其常委会在重视经济立法的同时，始终十分重视政治方面的立法，积极促进社会主义民主的发展。1982 年制定的新宪法，充分体现了对公民基本权利的保障，体现了国家领导制度的改革。全国人大及其常委会还制定了全国人民代表大会组织法、地方各级人大和地方各级人民政府组织法、全国人大和地方各级人大选举法、国务院组织法、人民法院组织法、人民检察院组织法等，把宪法关于国家机构的原则规定用具体法律固定下来。全国人大及其常委会制定的民法通则、刑法、刑事诉讼法、集会游行示威法等法律，对于保障公民的人身权利、财产权利和政治权利，起了重大作用。在保障公民中的特殊群体的合法权益方面，又先后制定了归侨侨眷权益保护法、残疾人保障法、未成年人保护法、妇女权益保护法等。特别是中国只用了很短时

---

* 这是乔石同志在北京人民大会堂接受德国《商报》驻京记者彼得·塞德利茨采访时的谈话要点。

1995 年 1 月 5 日，乔石在北京人民大会堂接受德国《商报》驻京记者彼得·塞德利茨的采访。

间，就通过立法建立了行政诉讼和国家赔偿制度，在促进民主政治制度的建设、保障公民的合法权益方面，迈出了新的步伐。

全国人大及其常委会高度重视法律制定后的贯彻实施，努力加强对执法工作的监督。我们专门组织全国人大代表和常委会组成人员到各地检查法律的执行情况。去年下半年，全国人大常委会组织八个组，分别到八个省检查了农业法和反不正当竞争法、消费者权益保护法、产品质量法、惩治生产销售伪劣产品犯罪的决定的执行情况，效果很好。改革开放 16 年来，中国十分重视立法工作，过去那种法律很不完备的状况有了很大改变，有法可依的问题解决得比较好。今后，我们在继续重视立法的同时，将把严格执法放在重要位置来抓，认真解决目前某些地方存在的有法不依、执法不严的问题。

关于政治体制改革。积极推进政治体制改革，建设有中国特色的社会主义民主政治是我们的一贯方针。发展社会主义市场经济的过程，同时也是建设社会主义民主政治的过程，二者相互配合，协调发展。当然，我们进行政治体制改革，必须从中国的实际情况出发，有步骤地进行，使其与我国改革、发展和稳定的大局相适应。

改革开放 16 年来，中国的政治体制改革是有成绩的。从 1979 年制定全国人大和地方各级人大选举法开始的我国选举制度的改革就是其中的一例。根据这个法的规定，第一，实行自下而上、自上而下、充分民主地提候选人的办法。在提候选人过程中，中国共产党、各民主党派、各人民团体和任何选民或者代表（只要有法定人数以上附议），都可以提出代表候选人；第二，将过去的候选人和应选人等额选举的办法，改为候选人的名额多于应选人的名额的差额选举办法；第三，把直接选举人民代表的范围从过去的乡镇一级，扩大到县一级，便于人民群众对县级国家机关和国家工作人员实行有效的监督。

中国进行了多方面的政治体制改革，其中很重要的一个方面，就是坚持实行人民代表大会制度。16 年来，人民代表大会制度不断得到完善和加强：适当扩大了全国人大常委会的职权，如规定其可以制定和修改除应当由全国人民代表大会制定的法律以外的其他法律；实行常委会组成人员的专职化，规定其不得担任国家行政机关、审判机关和检察机关的职务；加强了全国人大专门委员会的工作，明确其有研究、审议和拟订有关议案的职权；制定了全国人民代表大会议事规则、全国人民代表大会常务委员会议事规则和人大代表法，使人民代表大会制度从法律程序上得到完善和加强，并使人大代表行使职权有法可依；此外，我们还正在根据多年来我国选举工作和地方政权建设的经验，从发展社会主义民主、坚持和完善人民代表大会制度出发，修改选举法和组织法，使人民代表大会成为真正有权威的机关，更好地行使宪法和法律赋予的各项职权。

关于廉政建设。在中国，绝大多数国家工作人员是廉洁的，违法犯罪的，只是极少数。我们对消除腐败是很重视的。根本解决腐败问题，最重要的是靠法制。1979 年全国人大制定的刑法，是一部防止腐败、促进廉政建设的基本法律。该法第一百五十五条对国家工作人员利用职务上的便利，贪污公共财物的犯罪行为，作了明确的惩处规定。1982 年，鉴于当时走私、索贿受贿等经济犯罪活动的情况，全国人大常委会通过了关于严惩严重破坏经济的罪犯的决定。1988 年，全国人大常委会制定了关于惩治走私罪和惩治贪污罪、贿赂罪的两个补充规定。此外，全国人大常委会还根据经济生活中出现的新情况，就惩治经济犯罪对刑法作出一系列其他补充规定。所有这些，都为惩治腐败、促进廉政建设，提供了法律依据。除了法律规定外，中国共产党还对党员有党纪要求，国家对国家工作人员还有政纪要求。只要严格按这些法律、法规和党纪要求办，只要坚持法律面前人人平等，不允许任何组织和个人有超越法律的特权，就能从根本上防止腐败现象的发生。

关于文化传统和价值观念问题。任何一种文化和价值观，都是深深植根于本民族、国家和地区的特定历史传统和现实环境中的，特别在中国这样有几千年古老文化的大国。任何一种文化，凡是善于继承和弘扬其历史渊源，发扬积极的、向上的一面，舍弃消极的、不适应现实的糟粕，并能随着社会实际生活的发展而不断发展，就必然有无限的生命力。

用完备的法制来保障社会主义市场经济体制的建立和完善*

（1995 年 3 月 9 日）

今年是八届全国人大任期内大体形成社会主义市场经济法律体系框架至关重要的一年。全国人大及其常委会将进一步加快立法步伐，提高立法质量，继续审议一批经济方面的法律，如票据法、保险法、国有资产法、担保法、合同法、期货交易法、破产法、中国人民银行法等。再经过今年一年的努力，我国适应建立社会主义市场经济体制需要的基本的、主要的法律，大体都将出台。

社会主义市场经济体制的建立和完善，必须有完备的法制来规范和保障。八届全国人大及其常委会始终把加快经济立法放在各项工作的首位，争取在本届任期内大体形成社会主义市场经济法律体系的框架。1993 年 3 月，八届全国人大一次会议通过了宪法修正案，规定"国家实行社会主义市场经济"。此后，全国人大及其常委会又先后制定了公司法、经济合同法（修改）、消费者权益保护法、反不正当竞争法、个人所得税法、农业法、关于惩治生产销售伪劣商品犯罪的决定、预算法、劳动法、仲裁法等二十多个有关市场经济方面的法律和法律问题的决定，对规范、保障和促进社会主义市场经济的发展，起了重要作用。此外，近两年来，国务院和有立法权的地方人大及其常委会，也制定了一批与市场经济有关的行政法规和地方性法规。这些，都标志着我国社会主义市场经济正沿着法制化的轨道向前迈进。

---

* 这是乔石同志接受中央电视台记者采访时的谈话要点。

让人民来监督政府 *

（1995 年 3 月 18 日）

各位代表：

八届全国人大三次会议，依照宪法和法律的规定，经过与会代表的共同努力，审议批准了政府工作报告、1995 年国民经济和社会发展计划、1995 年中央预算，通过了《中华人民共和国教育法》、《中华人民共和国中国人民银行法》，审议批准了全国人大常委会工作报告、最高人民法院工作报告和最高人民检察院工作报告，决定了两位国务院副总理人选，补选了两位全国人大常委会委员，顺利地完成了各项议程，取得了圆满成功。

这次会议充分发扬社会主义民主，始终贯彻民主集中制原则，是一次民主团结、求真务实、开拓奋进的会议，是一次统一思想、树立信心、鼓舞干劲的会议，是一次把改革开放和社会主义现代化建设事业推向前进的重要会议。会议期间，代表们从国家的整体利益和人民的根本利益出发，认真履行宪法和法律赋予的职责，畅所欲言，集思广益，群策群力，共商国是，对各方面工作提出了建议和意见。代表们的建议和意见，有些已经写进了有关的报告、决议和法律中，有些由有关方面会后进行研究。会议通过的各项决议、决定，反映了全国人民的心愿，表达了全国人民的意志。这次

---

* 这是乔石同志在八届全国人大三次会议上的讲话。

　　1995 年 3 月 17 日，八届全国人大三次会议在北京人民大会堂举行第五次全体会议，补选八届全国人大常委会委员。图为乔石、王汉斌、倪志福、陈慕华在投票。

会议，对于进一步调动全国人民的积极性，全面完成今年的各项任务，开创改革开放和现代化建设的新局面，必将产生重要的作用。

现在，大家最关心的是怎样把这次会议通过的各项决议、决定落实好。今年是实现"八五"计划目标的最后一年，也是为进入"九五"计划时期做好准备的一年，改革和建设的任务十分艰巨。要保证完成已确定的各项任务，我们就必须按照邓小平同志建设有中国特色社会主义的理论，始终坚持党的基本路线，坚持社会主义物质文明和精神文明建设"两手抓"的方针，认清形势，明确责任，团结一致，加紧努力。要从实际出发，按照客观规律创造性地工作，把国家的每一项决策和工作部署真正落到实处。各级国家机关和国家工作人员都要时时想着群众，处处关心群众，事事依靠群众，以最广大人民群众的利益，作为一切工作的出发点和根本目的。要进一步转变作风，深入实际，密切联系群众，以改革的精神，切切实实地、一个一个地解决前进中出现的新问题和群众关心的热点问题。要讲真话，办实事，求实效。不要说空话，不要停留于一般号召而不解决实际问题。要自觉坚持实事求是，决不搞形式主义和虚报浮夸。各级领导和全体干部都要坚决抵制和纠正弄虚作假的坏作风。只要我们齐心协力，开拓进取，扎实工作，我们的改革和建设就一定能够取得新的成就。

惩治腐败关系到改革开放和社会主义现代化建设能否顺利进行，关系到社会的稳定和国家的生死存亡。在整个改革开放过程中都要严格防止和坚决反对腐败。一切国家工作人员，都是人民的公仆，决不是骑在人民头上的老爷，都必须全心全意为人民服务，必须公正廉洁，绝不能用人民赋予的权力谋取个人或小团体的私利。"以权谋私"是与共产党人和国家工作人员的根本要求背道而驰的，这种腐败现象危害极大。我们要长期坚持不懈地抓反腐败，要依靠全社会各方面力量的监督和支持。要从制度上着手，切实加强廉政建设，最根本的要靠法制，靠健全立法、严格执法和提高国家工作人员的法律意识。

早在新中国成立前，毛泽东同志在回答一位爱国民主人士提出的人民政权有什么办法跳出历史上兴亡的周期率的问题时说过：我们已经找到了新路，能跳出这周期率，这就是民主，让人民来监督政府，人人起来负责。我们今天在深化改革的重要时刻，重温毛泽东同志的这一精辟论述，对我们仍有深刻的教育意义。我们只有紧紧依靠人民群众，反映群众的意见和要求，实现群众的愿望，接受群众的监督，坚持正确的，改正错误的，才能使我们的人民民主专政越来越巩固，我们的国家越来越兴旺发达。在我国社会主义建设的新的历史时期，邓小平同志也指出："为了实现四个现代化，必须发扬社会主义民主和加强社会主义法制。"[1] 我们一定要继续大力加强社会主义民主法制建设，使民主制度化、法律化。人民代表大会制度，是我国的根本政治制度，是人民当家作主、管理国家的最好组织形式，我们要坚定不移地坚持和完善这一制度。今年是八届全国人大任期的第三年，是实施《八届全国人大常委会立法规划》至关重要的一年，立法任务十分繁重。要进一步加快立法步伐，提高立法质量。要继续把经济立法放在最重要的位置，确保在本届全国人大任期内大体形成我国社会主义市场经济法律体系的框架。在抓紧立法工作的同时，各级人大及其常委会要切实改进监督工作。要强化对法律实施的监督，加强对行政、审判、检察机关工作的监督，推进国家各项决策和重大部署的落实，维护法律的权威。要下大力量纠正有法不依、执法不严、违法不究，甚至以言代法、以权

---

① 《邓小平文选》第二卷，人民出版社 1994 年版，第 187 页。

1995 年 3 月 5 日，八届全国人大三次会议在北京人民大会堂隆重开幕。图为乔石与田纪云在主席台上亲切交谈。

压法、徇私枉法的现象。要督促有关部门继续抓紧社会治安综合治理。要大力加强法制宣传教育，提高全体人民的法制观念。各级领导干部都要认真学习和掌握法律知识，提高依法管理国家和社会事务的自觉性和能力。要充分发挥人大代表的作用，切实加强各级人大及其常委会的建设。

各位代表！我们的任务是光荣而艰巨的。希望各位代表回到自己的工作岗位以后，认真履行代表职责，模范地遵守宪法和法律，与群众保持最密切的联系，体察民情，反映民意，积极宣传和带头贯彻这次会议通过的各项决议，同全国各族人民一起，努力完成历史赋予我们的使命。

各位代表！我们的国家正处在改革开放和现代化建设的关键时

期。我们的目标是建设一个富强、民主、文明的社会主义现代化国家。让我们在邓小平同志建设有中国特色社会主义理论和党的基本路线指引下，在以江泽民同志为核心的党中央领导下，万众一心，艰苦奋斗，为夺取社会主义现代化建设事业的更大胜利而努力奋斗！

切实保证法律的有效实施 *

（1995 年 5 月 10 日）

　　本次会议预定的各项任务已经完成。会议共听取了五个法律草案的修改意见和说明。经过认真审议，通过了三个法律。这次通过的商业银行法，确立了商业银行的法律地位，规范了商业银行的权利和义务，它和八届全国人大三次会议通过的中国人民银行法一起，对保障和推进金融体制改革将起到重要作用。票据法的制定，为规范票据行为，保障票据当事人及其他票据关系人的合法权益提供了法律依据，有利于维护社会经济秩序，促进社会主义市场经济的发展。制定预备役军官法，对健全预备役军官制度，完善国家武装力量动员体制，加强国防后备力量建设，有着重要意义。

　　会议还听取和审议了国务院关于禁毒工作情况的报告。在近代历史上，我国人民曾经深受鸦片的毒害。新中国成立后，党和政府采取有力措施，在短时间内就扫除了贩毒、吸毒的丑恶现象。这些年来，国际毒品犯罪向我国渗透日益严重，国内一些地方又出现了走私、贩卖、运输、制造毒品，非法种植罂粟等毒品原植物和吸毒的情况。人民群众强烈要求严厉打击毒品犯罪活动。1990 年 12 月，七届全国人大常委会第十七次会议通过了关于禁毒的决定。各级执法部门为贯彻这个决定做了大量工作，有力地打击了毒品犯罪

---

　　* 　这是乔石同志在八届全国人大常委会第十三次会议上的讲话。

活动，但禁毒任务还相当艰巨，这方面的工作还需要继续加强，而且要长期坚持不懈地抓。在整个改革开放过程中，我们都要按照邓小平同志建设有中国特色社会主义的理论，坚持两手抓，一手抓改革开放，一手抓打击各种犯罪活动，扫除各种丑恶现象。这两手都要硬。

下边我着重就法律制定后的实施问题讲点意见。改革开放以来，我国立法步伐明显加快，制定了许多法律，如何保证这些法律的有效实施，是我国法制建设面临的重要课题。立法不是最终目的，制定法律的目的就是为了实行。法律只有在现实生活中得到切实实施，才能规范社会成员的行为，防止国家机关工作人员滥用权力，维护国家政治、经济和社会生活的秩序，保障公民的合法权益。邓小平同志早就强调，我们要在全国坚决实行这样一些原则：有法必依，执法必严，违法必究，在法律面前人人平等。从现在的状况看，这方面还有相当的距离。当前突出的问题是，不少法律没有得到切实的贯彻实施，有法不依、执法不严、违法不究的现象在一些地方和部门还相当普遍，以言代法、以权压法、徇私枉法等恶劣行为也屡有发生。这种状况损害了法律的尊严，败坏了国家的声誉，给改革开放和现代化建设带来了危害。对此我们必须高度重视，采取切实措施加以解决。

人大及其常委会作为国家权力机关，不仅要做好立法工作，而且要加强监督工作，重点是做好对法律实施的检查监督。常委会、各专门委员会都要把监督法律的实施作为一项经常性工作摆在重要位置。常委会和各专门委员会的办事机构要加强调查研究，及时了解法律实施中的新情况、新问题，为法律监督做好服务工作。执法检查要在加大力度、增强实效上下功夫。各级人大常委会的领导要重视和抓紧执法检查，组织精干的班子，深入群众，听取意见。执法检查要围绕改革开放和现代化建设中的重大问题以及人民群众关心的热点问题，每年有计划有重点地进行。对检查中发现的问题，要督促有关部门认真解决，并将处理的结果和改进执法的情况向常委会作出汇报。在做好监督法律实施的同时，要逐步改进和加强对政府、法院、检察院工作的监督。近几年来，许多地方人大及其常委会创造了一些好的经验和做法。如组织代表评议政府、法院、检察院的工作，对国家权力机关选举、任命的工作人员开展评议，督促行政执法机关和司法机关实行执法责任制等，都取得了较好的效果。要不断总结经验，在实践中进一步完善，使监督工作逐步走向规范化、制度化。

切实保证法律的有效实施，需要全党、全社会的共同努力。要按照党的十四届三中全会通过的《中共中央关于建立社会主义市场经济体制若干问题的决定》的要求，在加快立法的同时，改革、完善司法制度和行政执法机制，提高司法和行政执法水平；建立健全执法监督机制和法律服务机构，深入开展法制教育，提高全社会的法律意识和法制观念。各级领导干部要带头学法、懂法、守法，严格依法办事。要坚持不懈地反对一切腐败现象。我们全国人大常委会组成人员要严格遵守宪法和法律，自觉执行全国人大常委会组成人员守则，恪尽职守，廉洁自律。各级人大代表都要按照宪法的要求，模范地遵守宪法和法律。要在全体人民中进行法制教育，在全社会逐步形成守法光荣，违法可耻，依法办事的新风尚，推动社会主义市场经济体制的建立和完善，保障我国改革开放和现代化建设事业的健康发展。

更好地运用法律手段
促进经济效益的提高[*]

(1995 年 5 月)

关于提高经济效益问题。邓小平同志说过一句很精辟的话：一改革，效益就上来了。只有改革和发展，才能提高经济效益；经济效益的提高，又为改革和发展的深入创造条件。我们的经济立法，要把改革、发展与提高经济效益的这种关系反映出来，体现出来；并通过严格执法，保障改革、发展的顺利进行和促进经济效益的稳步提高。

运用法律手段促进经济效益的提高，关系到立法、执法、法制宣传教育等许多方面。有关方面都应当提高认识，努力工作，积极作出贡献。

第一，应加快经济立法步伐，建立健全社会主义市场经济法律体系。这也包括抓紧经济法律法规的清理工作，对已不适应现实发展需要的规定及时修改或废止。第二，加大执法力度，并加强对法律实施情况的检查监督，使各项经济法律法规真正落到实处。第三，加强法制宣传和教育，提高依法管理和经营的自觉性。

关于深化国有企业改革问题。全国人大及其常委会非常重视适应市场经济要求，从法律上促进建立产权清晰、权责明确、政企分开、管理科学的现代企业制度，使国有企业成为自主经营、自负盈

＊　这是乔石同志接受"中国经济效益纵深行"活动秘书长采访时的谈话要点。

亏、自我约束、自我发展的独立法人。

已经实施的公司法就是一部规范市场主体的重要法律。当然，这还需要有一系列的配套法律和法规。实现政企分开，是建立现代企业制度的一个关键，也是提高经济效益的重要条件。我们应当通过这方面的立法、执法，合理规范政府职能，保障企业的合法权益。另外，要运用法律手段理顺企业和职工间的责权利关系，比如要通过贯彻实施劳动法，保障劳动者的合法权益，调动职工的积极性。劳动者是国有企业的主人，是生产力中最活跃的因素。只有充分调动广大劳动者的积极性，我国国有企业的改革才可能取得成功，企业的经济效益才会持续提高。

关于维护市场秩序、保证企业公平竞争问题。目前，市场秩序的某些紊乱现象，包括一些不正当竞争行为，影响了一些企业的经济效益。我们必须完善这方面的立法，并加大执法力度。全国人大常委会已通过反不正当竞争法，产品质量法，消费者权益保护法和关于惩治生产、销售伪劣商品犯罪的决定等一批维护市场秩序的法律。各级执法、司法部门要以此为依据，排除地方保护主义、部门保护主义的干扰，促进全国统一大市场的形成。还要通过严格执行经济合同法，推动理顺企业间的债权债务关系。

关于运用法律手段加强和改善宏观调控问题。我们国家这么大，发展不平衡，经济体制又处在转型时期，加强和改善宏观调控十分必要。全国人大及其常委会已经通过了一批有关宏观调控的法律，应当认真贯彻落实。例如，要加大预算法的执法力度，规范投资行为；要依据审计法、统计法，防止和消除虚报、瞒报等不良现象；要依据税收征管法和各项税法，对偷税漏税甚至抗税等违法行为进行制裁，对欠税问题进行清理。还应认真宣传和实施中国人民银行法等，维护金融秩序，促进金融体制改革。现在，我们正在抓紧制定计划法、投资法等有关法律，以保障投资体制等改革的顺利进行。

关于从根本上解决贪污和浪费严重问题。毛泽东同志说过："贪污和浪费是极大的犯罪"①，邓小平同志对此也有深刻论述。贪污和浪费这类腐败消极现象，极大地危害社会主义现代化事业，败坏社会风气，腐蚀党和国家机关的干部队伍，必须坚决予以杜绝。按照小平同志的论断，解决这类问题，最根本的要靠法制。我们要从体制上消除贪污和浪费等现象。建立社会主义市场经济法律体系，也包括把在改革实践中逐步形成的能够有效防止浪费和打击贪污的新制度，用法律的形式固定下来，以促进管理机构的高效、廉洁和资源的充分合理利用，从而为提高经济效益服务。立法、执法、司法机关要努力健全反对贪污和浪费的法律机制，并认真贯彻下去，从而促进经济的发展，维护国家的长治久安。我们一定要努力做好这项工作。

---

① 《毛泽东选集》第一卷，人民出版社 1991 年版，第 134 页。

1995 年 6 月，乔石在长沙市郊区黎托乡考察菜篮子工程时和菜农亲切交谈。

提高全民族的
法律意识和法制观念 *

（1995 年 8 月 30 日）

今天，我们在这里举行宪法知识讲座，是很有意义的。1982年通过的现行宪法，是一部建设有中国特色社会主义的好宪法，经过 1988 年和 1993 年的修改，更加完善了。宪法指出："全国各族人民、一切国家机关和武装力量、各政党和各社会团体、各企业事业组织，都必须以宪法为根本的活动准则，并且负有维护宪法尊严、保证宪法实施的职责。"我们在人大工作的同志，尤其要认真学习和熟悉宪法，把宪法作为工作的指南，严格依照宪法的规定办事。

适应深化改革、扩大开放、建立社会主义市场经济体制的要求，我国的立法进程在不断加快。我们的法律，反映了经济、政治、社会发展的客观规律，集中体现了人民的意志和利益，贯彻了党的主张。为了使宪法和法律得到切实实施，组织广大干部和人民群众学习宪法和法律，提高全民族的法律意识和法制观念，已经成为一项紧迫的任务。我们的干部掌握了法律，才能提高依法决策、依法管理和依法办事的能力；人民群众掌握了法律，才能自觉地遵守法律，学会运用法律维护自己的权益，同一切违法行为作斗争。法律只有为广大干部和群众所掌握，才能变成强大的物质力量，社

---

* 这是乔石同志在全国人大常委会举行的宪法和法律知识讲座上的讲话。

会主义法制建设才有坚实的基础。认真学习法律，严格遵守法律，依法治国，依法办事，是改革开放和现代化建设事业的重要保证，也是维护社会稳定、实现国家长治久安的必不可少的条件。因此，必须把学法、懂法、用法放在重要位置。我们各级人大常委会组成人员和人大代表，都要努力学习、掌握宪法和有关法律，遵循宪法和法律的规定，行使好各项职权。学习宪法和法律要常抓不懈，形成制度。

要在全体人民中继续做好法制宣传教育工作，认真总结前两个五年普法工作的经验，把今后的法制宣传教育做得更深入、更扎实。各部门和各单位，特别是报刊、广播、电视等新闻单位，都要

1995年8月30日，全国人大常委会在北京人民大会堂举办宪法和法律知识讲座，乔石出席并讲话。

重视法制宣传教育，采用生动活泼的、人民群众喜闻乐见的形式，做好这项工作。我们要努力在全社会逐步形成学法、用法、自觉遵守法律的风尚，不断为我国的改革、发展、稳定创造良好的法制环境。

加强环保的立法与监督 *

（1995 年 12 月）

　　搞好环境与资源保护，只有在加强宣传的同时，在法律上作出一些规定，并认真监督实施，才能落到实处。

　　搞环境保护，对经济建设是有好处的。从长远看，就更是这样。环境保护是关系人类生存环境和生活质量、关系子孙后代千秋万代的大事。环境污染问题从一开始就要注意。有些发达国家在经济发展到一定阶段后，环境污染非常严重了，才回过头来搞治理，不仅要花很多钱，而且有的问题即使花再多的钱也很难彻底解决。一些发达国家在环境污染问题上的教训值得借鉴。我们是发展中国家，要避免走别人走过的弯路，一定要高度重视防止和治理污染，在发展过程中搞好环境保护。这样做并不影响经济发展。相反，环境搞糟了，污染严重了，反而会阻碍甚至破坏经济的发展。到那个时候再来搞治理，就晚了，事倍功半，必须从一开始就注意保护环境。

　　这些年来，我国经济发展很快，有些地方、有些方面忽视对环境的保护，污染越来越严重的状况令人担忧。我国的能源构成中煤占很大比重，不注意，污染就会更严重。当然，还有其他工业污染。一些地方，乡镇企业不重视环境保护，有的乡镇企业的废水不

＊　这是乔石同志在听取八届全国人大环资委负责同志汇报时的讲话。

加处理，直接排放，造成很大污染，甚至对相邻省区的危害都很大。还有一些大中型企业也不大注意。化工企业尤其要采取措施，抓紧治理。这方面也有做得好的。对一些低污染或经过治理做到基本没有污染的产业、产品，我们要尽可能予以扶持。对这个问题我比较注意，到基层去，听说有生产制冷机而不用氟利昂的工厂，我都要去看一看。比如江西景德镇、湖南长沙的一些制冷机厂，不用氟利昂做制冷剂，我都看了。如果全国各方面都重视环境保护，污染问题是可以得到解决的。

逐步适当增加对污染治理的投入不仅不会影响经济发展速度，反而会促进经济更加健康地发展。现在，存在片面强调眼前利益，怎么赚钱就怎么干的情况。认为增加环保投入会影响发展速度，这是一个错觉。我们要多进行宣传，消除这个错觉，提高全社会的环境意识。增加对污染治理的投入，由目前占国民生产总值的 0.7% 至 0.8%，逐步增加到 2000 年的 1.5%，我是赞成的。

加强环保方面的立法，该立的法都立起来，立比不立好。环境噪声污染控制法、固体废物污染环境防治法，都要尽快立起来。增加环保投入问题，要在法律上明确规定下来。

植树造林要继续坚持下去，这并不很难。福建、广东已消灭了宜林荒山，还有其他几个省也做到了这一点。三北防护林建设是个很成功的经验，一、二期工程已经结束，三期工程要继续抓下去。我国劳动力多，充分发挥这个优势，每年坚持植树造林，效果会很大的。

1987 年 4 月 5 日，中央领导同志在北京天坛公园植树。左起：习仲勋、姚依林、乔石、彭真、薄一波、宋任穷。

1993 年 4 月 4 日，乔石在北京朝阳区碧玉公园参加植树劳动。

不断总结经验
提高立法工作水平 *

（1995 年 12 月 19 日）

今天，把大家请来，开个立法工作座谈会，很有必要，也很适时。会议开始时，曹志同志介绍了八届全国人大一次会议以来立法工作的情况和今后两年多时间立法工作的任务。大家围绕进一步加快立法步伐和提高立法质量，交流了情况和经验，对今后如何更好地完成立法规划，提出了许多好的意见和建议，这个会开得是好的。下面我讲几点意见。

一、加强立法是党和国家提出的一项紧迫任务

改革开放以来，我国立法工作成绩显著。党的十四大确定我国经济体制改革的目标是建立社会主义市场经济体制。根据这个目标，八届全国人大常委会提出，要在本届任期内大体形成社会主义市场经济法律体系框架，并制定了五年立法规划。两年多来，在大家的共同努力下，立法步伐明显加快，制定了一批有关市场经济的法律和其他方面的法律，取得了重大进展。同时也要看到，现实生活中一些急需的重要法律还没有制定出来，现有法律中某些已不适合实际的规定需要抓紧作出修改，立法的质量也有待进一步提高，

＊　这是乔石同志在立法工作座谈会上的讲话。

我们面临的立法任务仍然是艰巨和繁重的。

党的十四届五中全会通过的《中共中央关于制定国民经济和社会发展"九五"计划和二〇一〇年远景目标的建议》，提出了今后15年我国经济和社会发展的奋斗目标和指导方针。《建议》强调，要加强社会主义民主和法制建设，加强立法、司法、执法、普法工作，特别是要加快经济立法，建立和完善适应社会主义市场经济体制的法律体系，进一步推进经济管理体制和运行机制的规范化、法制化。这对我国立法工作提出了很高的要求。我们必须在邓小平同志建设有中国特色社会主义理论和党的基本路线指导下，进一步加强立法工作，继续把经济立法放在重要位置，抓紧制定和完善规范市场主体和市场行为、维护市场秩序、改善和加强宏观调控、建立和健全社会保障制度、促进对外开放等方面的法律，制定和完善振兴基础产业和支柱产业、规范政府行为、保护环境资源、保护知识产权等方面的法律。同时还要制定教育、科学、文化、卫生、体育事业方面的法律，制定民主政治建设和健全国家机构组织制度方面的法律，制定反腐倡廉、惩治犯罪、维护社会治安以及国防建设方面的法律，用法律引导、推进和保障改革开放和社会主义现代化建设的顺利进行。

二、不断总结经验，提高立法工作水平

这些年来，我们在立法工作中积累了一些行之有效的好的经验和做法。应当适应新的形势，认真总结和推广这些经验，并随着实践的发展探索和创造新的经验，从而不断加强和改进立法工作，加快立法步伐，提高立法质量。这里，我想强调以下几点：

第一，制定法律必须以宪法为依据。宪法作为国家根本大法，

是我们制定法律、法规的基础和准则。宪法规定："一切法律、行政法规和地方性法规都不得同宪法相抵触。"这是立法工作必须遵循的根本原则。多年来，全国人大常委会坚持这一根本原则，较好地解决了某些法律草案中同宪法规定不一致的问题。今后在起草和审议法律草案时都要坚持这样做。宪法规定，"国家实行社会主义市场经济"，"国家加强经济立法，完善宏观调控"，"国家依法禁止任何组织或者个人扰乱社会经济秩序"。这都是做好经济立法工作的重要指导思想。我们制定的法律必须符合发展社会主义市场经济的规律和特点，适应建立和完善社会主义市场经济体制的需要，能够促进经济体制从传统的计划经济体制向社会主义市场经济体制转变，促进经济增长方式从粗放型向集约型转变，从而为我国"九五"计划和 2010 年远景目标的实现提供可靠的法律保障。宪法对保障公民的基本权利和自由作出了一系列规定。制定法律时，必须依照宪法正确处理权利与义务的关系，正确处理人民群众依法行使权利和国家机关依法管理的关系，以保障人民依法享有的各项权利和自由，调动广大人民群众建设社会主义的积极性。宪法还对国家机关及其工作人员的职责权限作了明确规定。所有国家机关及其工作人员都必须按照宪法的规定，在各自的职权范围内工作。制定有关法律时，必须根据宪法，对国家权力机关和行政、审判、检察机关及其工作人员的行为作出规范，防止任何国家机关和工作人员超越或滥用职权。总之，只有以宪法为依据，从我国的实际出发，注意借鉴国外的有益经验，才能使制定的法律符合我国社会发展的规律，符合改革开放和现代化建设的需要。

　　第二，立法工作要与改革和发展的实际紧密结合。建立社会主义市场经济体制是一项根本性的变革。我们已经取得了显著的成绩，同时在前进中也遇到一些问题和困难。小平同志说"改革是中国的第二次革命"①，不可能没有难度。改革中的难点，也是立法中的难点。我们要进一步解放思想，更新观念，开阔视野，大胆探索，勇于创新，以改革的精神解决立法中遇到的难点和问题。要善于把实践证明是正确的做法，用法律形式肯定下来，巩固改革开放的成果。对于一些应兴应革的事情，应当积极总结实践中的经验和做法，借鉴国外的经验，尽可能作出规范，而且规范要尽可能明确具体，便于操作，从而更好地用法律引导和推动改革与发展。当然，改革和发展中的问题，解决起来需要一个过程，法律也只能在实践中逐步完善。通过我们坚持不懈的努力，适应社会主义市场经济体制的法律体系将建立起来并逐步走向完善。

第三，立法要从全局出发，从人民的根本利益出发。全国经济是一个有机的整体。法律要维护全国市场的统一，促进国民经济有序运行和协调发展。立法要正确处理中央和地方之间、部门之间的关系，合理划分和明确规范中央和地方以及部门的管理权限，防止不适当地照顾和迁就地区和部门的局部利益和权力。在制定法律时，要充分考虑地方合理的利益和要求；在制定地方性法规时，各地方要自觉地服从大局，正确运用国家赋予的权力，调节好本地区的经济活动。要按照发展市场经济的要求，规范政府部门的职权，促进政府职能的转变，保障公民、法人和其他组织的合法权益。还要注意法律之间、法律和法规之间的衔接配套，加强地方性法规的备案审查工作，保证法制的统一。

第四，立法工作要走群众路线，按民主集中制原则办事。法律是人民意志的体现，是一切国家机关、公民和法人必须遵守的行为规范。立法要十分严肃、慎重。整个立法过程，从法律的起草到审

① 《邓小平文选》第三卷，人民出版社1993年版，第113页。

议通过，都要走群众路线，充分发扬民主，按程序办事。要加强调查研究，倾听各方面的意见，包括各地各部门的意见，注意听取专家、学者和实际工作者的意见。有的重要法律草案可以在报刊上公布，并组织讨论，广泛听取人民群众的意见。有不同意见不要紧，可以经过充分讨论，反复比较，慎重考虑，集思广益，在民主的基础上集中正确的意见。对有争议的问题，要组织专家和实际工作者进行科学论证，提出可供选择的方案，然后作出决断。

三、加强领导，狠抓落实，保证
五年立法规划的完成

两年多的实践表明，八届全国人大常委会制定的五年立法规划是符合实际的，同党的十四届三中全会、五中全会提出的建立社会主义市场经济体制的要求是一致的。当然，根据实际情况，对这个立法规划作个别调整也是必要的。实现这个规划，需要各部门、各方面密切配合，共同努力。要严格实行法律起草工作的责任制度。承担法律起草任务的有关部门和单位，要把落实立法规划作为一件大事来抓，切实加强领导，集中力量，在保证质量的前提下如期完成任务。全国人大各专门委员会除保证完成自己所承担的法律起草任务外，还要加强同有关起草单位的联系，了解情况，督促起草工作的进行。全国人大常委会要加强对法律起草工作的指导和协调，帮助解决起草过程中遇到的困难和问题。享有制定地方性法规权力的人大及其常委会，要从本地实际出发，根据改革和建设的需要，抓紧制定地方性法规，并要注重提高地方性法规的质量。

最后，讲一下如何保证法律的有效实施问题。现在制定的法律不断增多，但有些法律的实施状况不够好。造成这个问题的原因

是多方面的，主要是：我们一些干部和群众法律意识和法制观念淡薄；在新旧体制转换过程中，执法机制还不够完善，执法人员素质有待进一步提高；对法律实施的监督也不够有力。解决这些问题，需要全党、全社会长期不懈地努力。当前，需要继续深入开展法制宣传教育，下大力气提高广大干部和群众，特别是各级领导干部的法制观念和依法办事的能力。要按照发展社会主义市场经济的要求，改革、完善司法制度和行政执法机制，加强执法队伍建设，提高司法和行政执法水平。要按照行政诉讼法和国家赔偿法的规定，建立对执法违法的追究制度和赔偿制度。各级人大常委会要按照宪法的要求，监督和保证宪法和法律的实施。要进一步改进执法检查工作，强化力度，增强实效。还要注意总结和推广地方人大在监督工作中创造的一些好的形式和做法，不断提高监督工作的水平。

实现五年立法规划，形成我国社会主义市场经济法律体系的框架，是一项开创性的工作。我们要以高度的责任感和强烈的事业心，扎扎实实地工作，为社会主义市场经济体制的建立和完善，为建设一个富强、民主、文明的社会主义现代化国家，作出应有的贡献。

抓紧建立社会主义市场
经济法律体系*

（1996 年 1 月 23 日）

问：现在本届人大任期已经过半，请您简要介绍一下本届人大立法工作的进展及其特点。

答：党的十四大明确提出，建立社会主义市场经济体制，并且写入了党章；八届人大一次会议对宪法进行了修改，规定："国家实行社会主义市场经济"。从我国改革开放和现代化建设的实际情况出发，我们提出要在本届人大任期内大体形成社会主义市场经济法律体系的框架，并且制定了五年立法规划。近三年来，在各方面的共同努力下，八届人大的立法步伐明显加快，立法质量不断提高，立法工作取得了显著成绩。1993 年 3 月至今，八届全国人大及其常委会共审议了 88 个法律和关于法律问题的决定草案，通过了其中的 72 个。

问：也就是说大约平均半个月就要通过一部法律。这个立法速度是我国前所未有的。

答：总结近三年的立法工作，我认为有以下几个特点。首先，我们把加快经济立法放在重要位置。在已通过的 72 个法律和关于法律问题的决定中，属于经济方面的有 30 个，使我国经济立法滞后的状况有了明显改观，在形成社会主义市场经济法律体系方面迈

---

* 这是乔石同志答《中华英才》总编辑问。

出了重要步伐。

其次，立法质量有了明显提高。我们在立法工作中注意做到：制定法律以宪法为依据；体现国家的整体利益和人民的根本利益；贯彻社会主义法制统一的原则；搞好法律之间的相互协调和与国际惯例的必要衔接；相关法律的出台顺序符合法理；注重法律的可操作性等。

第三，我们加强了立法工作的计划性，改进了审议方式，提高了审议法律草案的质量和效率。

问：近三年来，全国人大立法工作所取得的成就令人鼓舞。本届人大任期还有两年多时间，请您谈谈我国立法工作的形势及面临的任务。

答：本届全国人大的任期只剩下两年多的时间，立法的任务十分繁重。去年召开的党的十四届五中全会通过的《中共中央关于制定国民经济和社会发展"九五"计划和二〇一〇年远景目标的建议》强调，要加强社会主义民主与法制建设，加强立法、司法、执法、普法工作，特别强调要加快经济立法，建立和完善适应社会主义市场经济体制的法律体系，进一步推进经济管理体制和运行机制的规范化、法制化。这对我国立法工作提出了很高的要求。

根据五年立法规划，列入第一类的，即本届内保证审议的法律草案共 115 个，到目前已审议了 59 个，还有 56 个尚未提请审议，其数量是相当大的。但是，我们有信心圆满完成立法规划。我们将更加努力，并与各有关方面通力合作，把立法工作做得更好，继续积极用法律引导、推进和保障改革开放和社会主义现代化建设的顺利进行。

问：今后两年多时间里的立法工作，任务繁重，时间紧迫。在这种情况下，确保立法的质量可能是一个突出的问题。

答：确实是任务重，时间紧。不过，这些年我们在立法工作中已经积累了一些行之有效的好的经验和做法。在今后的工作中，我们要适应新的形势，认真总结和推广这些经验，并随着实践的发展探索和创造新的经验，我们能够做到不断提高立法的质量。

我们一贯强调并将继续在立法工作中坚持以下几项原则：

第一，制定法律必须以宪法为依据。宪法作为国家根本大法，是我们制定法律、法规的基础和准则。宪法规定："一切法律、行政法规和地方性法规都不得同宪法相抵触。"这是立法工作必须遵循的根本原则。在起草和审议法律草案时，只有以宪法为依据，从我国的实际出发，注意借鉴国外的有益经验，才能使制定的法律符合我国社会发展的规律，符合改革开放和现代化建设的需要。

第二，立法工作要与改革和发展的实际紧密结合。建立社会主义市场经济体制是一项根本性的变革。我们已经取得了显著的成绩，同时在前进的过程中也不可能不遇到问题和困难。改革中的难点，也是立法中的难点。这就要求我们进一步解放思想，更新观念，开阔视野，大胆探索，勇于创新，以改革的精神解决立法中遇到的难点和问题。要善于把实践证明是正确的做法，用法律形式肯定下来，巩固改革开放的成果。对于一些应兴应革的事情，应当积极总结实践中的经验和做法，尽可能作出规范，更好地用法律引导、促进和保障改革与发展。

第三，立法要从全局出发，从人民的根本利益出发。全国经济是一个有机的整体。法律要维护全国市场的统一，促进国民经济有序运行和协调发展。立法要正确处理中央和地方之间、部门之间的关系，合理划分和明确中央和地方以及部门的管理权限，防止不适当地照顾和迁就地区和部门的局部利益和权力。同时还要注意法律之间、法律和法规之间的衔接配套，加强地方性法规的备案审查工作，保证法制的统一。

第四，立法工作必须走群众路线，坚持民主集中制原则。整个立法过程，从法律的起草到审议通过，都要走群众路线，充分发扬民主，广泛听取各方面的意见，认真按程序办事。有些重要法律草案可以在报刊上公布，并组织讨论，广泛听取人民群众的意见。对于有争议的问题，要组织专家和实际工作者进行科学论证。在讨论中有不同意见不要紧，可以经过充分讨论，反复比较，慎重考虑，集思广益，在民主的基础上集中正确的意见，然后作出决断。这对于提高立法质量是十分有益的。

问：我国宪法规定，全国人民代表大会是最高国家权力机关，不仅行使国家立法权，而且拥有广泛的监督权，您认为人大应如何加大监督工作力度？

答：作为最高国家权力机关，全国人大及其常委会的权力直接来自人民，它能够对国家的一切重大问题做出决定并监督其实施，其他国家机关都必须接受它的监督，这是我国的根本制度决定的，是我国宪法明确规定的。根据宪法规定，全国人大及其常委会监督宪法和法律的实施，监督国务院、最高人民法院、最高人民检察院的工作。

如何保证宪法和法律的有效实施，是我国法制建设的重要课题，因为制定法律的最终目的就是为了有效地施行。这些年，法律实施的状况总的说是有较大改进的。各级组织对法律的重视程度、依法办事的自觉性和能力在不断提高；政法部门和行政执法部门总的说是努力严格执法的，法制宣传教育的效果也比较明显，广大干部和群众的法律意识有了较大的增强。但是当前在法律的实施方面确实还存在一些突出问题：有些法律实施得不够好，有法不依、执法不严、违法不究、以权压法、徇私枉法等现象在一些地方和部门还相当严重，这种状况损害法律的尊严，败坏国家的声誉，对改革开放和现代化建设造成危害。对此我们必须高度重视，采取切实措施加以解决。随着法制建设的加强，法律实施的情况相信会逐步得到更多的改进。

我们一再强调，要把监督法律的实施作为一项经常性工作摆在与立法同等重要的位置。执法检查要围绕改革开放和现代化建设中的重大问题和人民群众关心的热点问题，有计划有重点地进行；要加强领导，改进方式，加大力度，增强实效；要组织精干的班子，深入群众，听取意见；对检查中发现的问题，要督促国家有关机关认真加以解决，并将改进的情况向人大常委会作出报告。

在做好对法律实施的检查监督的同时，还要改进和加强对政府、法院、检察院工作的监督。代表大会和常委会会议听取和审议政府、法院、检察院的工作报告，是对这些国家机关的工作进行监督的重要形式。在正式听取和审议这些工作报告之前，在报告的起草、修改过程中，人大和有关机关就可以互通情况，交换意见。人大的专门机构把各方面的意见认真研究后，向有关机关提出建议供其参考和吸收，使正式提交审议时有一个比较好的基础；在审议过程中，继续充分发扬民主，广泛听取各方面的意见；通过时，把代表或委员们普遍的意见和要求适当体现在决议中；通过之后，对执行的情况进行调查研究，对成绩充分肯定，发现问题及时督促改进。经验证明，这对支持、帮助、督促有关机关做好工作很有好处。还要加强对计划和预算执行情况的监督。计划和预算经人大批准后，就必须严格执行。如果需要作调整或变更，须报人大常委会批准。

近几年来，许多地方人大及其常委会在加强监督方面创造了一些好的经验和做法，如组织代表评议政府、法院、检察院的工作，对国家权力机关选举、任命的工作人员开展评议等，都取得了较好的效果。我们要继续探索，并不断总结经验，使监督工作逐步走向规范化、制度化。

问：1994年初，您接受本刊采访时，曾谈到反腐败必须严格执法的问题。今天，我要提的问题是，您认为应该如何从根本上防止腐败现象的发生？

答：首先要指出，我国国家工作人员绝大多数是廉洁的，置国家法律于不顾、贪赃枉法、收受贿赂、违法犯罪的，只是极少数。根据小平同志建设有中国特色社会主义的理论，加强廉政建设，解决腐败问题，最根本的要靠法制。在这方面，全国人大及其常委会已经制定了不少法律。只要坚持法律面前人人平等，不允许任何组织和个人有超越法律的特权，就能从根本上防止腐败现象的发生。各级人大及其常委会要加强对其选举和任命的国家机关工作人员的监督。一旦发现有贪污、受贿等腐败行为，该罢免的罢免，该撤职的撤职，触犯刑律的要督促司法机关依法追究刑事责任。

问：作为最高国家权力机关，全国人大及其常委会肩负重任。为了更好地行使宪法赋予的职权，人大本身是否也需要进行改革？

答：在进行经济体制改革的同时，我们也要进行政治体制改革。完善人民代表大会制度，是政治体制改革的一项重要内容。这项工作已经进行若干年了。

1979年我国制定了全国人大和地方各级人大选举法，开始了我国选举制度的改革。主要是：第一，实行自下而上、自上而下、充分民主地提候选人的办法；第二，将过去的等额选举的办法改为差额选举的办法；第三，把直接选举人民代表的范围扩大到县一级，便于人民群众对县级国家机关和国家工作人员实行有效的监督。在此之后，又对选举法进行了三次修改，进一步提高了选举的民主程度。

17年来，我国人民代表大会制度不断得到完善和加强。通过制定和修改宪法、全国人大组织法、地方人大和政府组织法、代表法和议事规则等法律，适当扩大了全国人大常委会的职权，加强了它的组织；规定常委会组成人员不得担任国家行政机关、审判机关和检察机关的职务，实际上有相当数量的委员是专职的；增设了一些专门委员会，加强了专门委员会的工作和地方各级人大的组织建设；规定省级人大及其常委会可以制定地方性法规，省、自治区的人民政府所在地的市和经国务院批准的较大的市的人大及其常委会可以制定地方性法规，报省级人大常委会批准后施行；完善了人大及其常委会的会议制度和工作程序等。所有这些，对加强各级国家权力机关的工作和建设，健全国家体制，都有重要的现实意义和深远的历史意义。今后，我们将继续进行探索，实行改革，使人民代表大会制度不断得到加强和完善。

问：完善人民代表大会制度，加强人大工作，应该遵循哪些原则呢？

答：人民代表大会制度是我国的根本政治制度，人大工作是党和国家工作的重要组成部分，只能加强，不能削弱。这方面，我们应该遵循以下几项原则：

第一，必须依靠党的领导。各级人大都必须接受党的领导，坚决贯彻党的路线方针政策。当然，党组织关于国家事务的重大决策，凡是应当由人大或人大常委会决定的事项，都要提交人大或人大常委会经过法定程序变成国家意志。

第二，必须坚持民主集中制原则。民主集中制是人大及其常委会工作中必须遵循的基本原则。人大及其常委会工作的特点是集体讨论问题，集体决定问题，充分发扬民主，严格按法律程序办事。

在审议决定问题时，要做到畅所欲言，各抒己见，要经过充分讨论，集思广益，在民主的基础上集中正确的意见。

第三，要密切同人民群众的联系。人民的根本利益和共同意志，是一切国家机关工作的出发点。人大及其常委会应当进一步密切同人民群众的联系，更好地代表人民，并接受人民的监督。只有充分反映人民群众的意见和要求，集中人民群众的智慧，才能真正代表人民的意志和利益，依法行使好宪法赋予的各项职权。

问：我冒昧地提一个问题，目前社会上不少人认为人大工作是"二线工作"。对此您有何看法？

答：这是一种误解。必须明确指出，按照我国宪法的规定，各级人大是本级国家权力机关，负担着繁重的立法、监督等任务，怎么能说是"二线工作"呢？诚然，人大代表和人大常委会组成人员中，有一部分是离开党委、政府等工作岗位后进入人大的，但是，这不是退居"二线"，而是加强人大工作的需要，因为他们熟悉情况，有丰富的领导工作经验和较强的议政能力。同时，我们事实上一直在重视人大代表和委员的年轻化问题，经过几次换届选举，总的年龄结构，一届比一届有所改善。

问：我们注意到，本届全国人大常委会和各专门委员会的对外交往更加活跃，已经成为我国外交工作的一个重要方面。

答：人大的外事工作是我国外交不可缺少的一个重要组成部分。全国人大的外事工作，对于为国家改革开放和现代化建设创造良好的国际环境具有重要意义。

1995 年，我应邀先后访问了日本、韩国、巴基斯坦、埃及和印度五国，同五国议会、政府领导人和朝野各界人士进行了广泛的接触。我还在北京会见了来访的 20 多个国家的议会领导人。全国人大和专门委员会派了 20 个代表团出访，人大常委会还派团出席了各国议会联盟会议和其他国际会议。

这一系列双边、多边交往，达到了广泛接触、加深了解、扩大共识、增进友好、促进合作的目的。人大扩大对外交往具有重要意义：首先，可以对外宣传我国的改革开放和现代化建设的巨大成就，介绍我国人民代表大会制度，阐述我国独立自主的和平外交政策；其次，我们也可以从中了解各国议会的运作机制，借鉴世界各国在立法等方面的有益经验；第三，有利于促进我国与世界各国在互利互惠的基础上开展经济、贸易、科技、文化等领域的合作，探索扩大合作的途径，以促进国内建设。总的来说，做好人大的外事工作，有利于加强我国同世界各国的友好合作关系，有利于增进我国人民同世界各国人民之间的友谊。

问：我国人民代表大会制度已日益为世界各国所了解，我国人大在国际上的影响也日益扩大。据了解，各国议会联盟第九十六届大会将于9月在北京举行。您能否介绍一下有关筹备的情况？

答：1994年3月，各国议会联盟理事会决定，各国议会联盟第九十六届会议于1996年9月在北京举行，议联大会是开展议会外交、进行双边和多边外交活动的重要场所。我们可以利用这个机会，多做工作，广交朋友，扩大同各国议会的友好交往。因此，开好这次大会，是人大常委会今年的一项重要工作。现在，各项筹备工作已全面展开，进展也很顺利。我们相信，这次大会一定能取得圆满成功。

问：现在距香港回归祖国已经只有五百多天的时间了。最近全国人大常委会通过了香港特别行政区筹委会组成人员名单。请问您对此有何看法？

答：实现香港和澳门的回归，是中国共产党和中国人民在本世纪的一件大事。香港特别行政区筹委会的成立，对于香港的平稳、顺利交接，对于保持香港的繁荣稳定，都有十分重要的意义，筹委会的工作是相当繁重的。

我相信，通过筹委会和广大香港同胞的共同努力，一定能够按照"一国两制"的方针和"港人治港"、高度自治的原则，把各项筹备工作做好，为我国顺利恢复对香港行使主权，为保持香港的繁荣稳定作出贡献。

问：乔石委员长，请您谈谈中国未来的发展。

答：当前我国正处在改革开放和社会主义现代化建设的重要历史阶段。去年10月召开的党的十四届五中全会通过了《中共中央关于制定国民经济和社会发展"九五"计划和二〇一〇年远景目标的建议》。即将召开的八届全国人大第四次会议将听取、审议、批准关于国民经济和社会发展"九五"计划和2010年远景目标纲要及报告。这一纲要的通过，对于我国的现代化建设具有重要意义。本世纪的最后五年到下世纪的头十年，我们面临着艰巨的建设任务，一定要抓住难得的历史机遇，把经济搞上去，经过努力，使我国的社会生产力、综合国力、人民生活水平都再上一个大台阶，社会主义精神文明建设和民主法制建设也取得更大进展，从而为下世纪中叶基本实现现代化奠定坚实的基础。我国是世界上人口最多的发展中国家，原有的经济、技术基础相当薄弱。虽然过去十几年来经济增长比较快，但各地发展不平衡，人均财富很少，农村人口占总人口的80%，其中7000万人尚未解决温饱问题，发展的任务确实相当艰巨。在前进的道路上，还会遇到困难和挑战，中国实现现代化还需要好几代人的艰苦奋斗。这就是说，我们必须抓紧干，集中精力扎扎实实地干。展望未来，我们充满信心。中国人民有能力完成历史赋予自己的伟大使命。中国一定能够成为一个富强、民主、文明的社会主义现代化国家，从而也为世界的和平与发展作出更多的贡献。

问：最后，我想顺便说一句，许多人称赞您的书法很有特点。

答：小时候比较喜欢书法和其他一些艺术。那时在上海，有这类展览，我就争取去看。我写毛笔字是小学水平。上小学时，有写字课，小学以后就没有了。后来参加革命，就更没有时间和条件了。

乔石为中日书学史论研讨会召开题词。

藝術寶莊

史足寶頂山石刻觀後

一九九三年六月 喬石

466

确保香港的
平稳过渡和繁荣稳定*

（1996 年 1 月 26 日）

　　全国人民代表大会香港特别行政区筹备委员会现在正式成立。这是香港回归祖国历史进程中的一件大事，标志着成立香港特别行政区的各项筹备工作进入具体实施阶段。我代表全国人民代表大会常务委员会向筹备委员会的全体委员表示衷心的祝贺！

　　香港特别行政区筹备委员会是全国人民代表大会设立的机构。根据《全国人民代表大会关于香港特别行政区第一届政府和立法会产生办法的决定》，香港特别行政区筹备委员会负责筹备成立香港特别行政区的有关事宜，规定香港特别行政区第一届政府和立法会的具体产生办法。这是一项对中华民族具有划时代意义的任务。我国对香港恢复行使主权的历史时刻日益临近，这项工作既紧迫又繁重。

　　筹备成立香港特别行政区，是八届全国人大及其常委会任期内的一项十分重要的工作。全国人大及其常委会将加强对筹备委员会的领导和支持。希望全体委员遵循"一国两制"的方针，以香港特别行政区基本法和全国人大及其常委会的有关决定为依据，充分体现"港人治港"和高度自治的原则，团结和依靠广大香港同胞，认真做好各项筹备工作，确保香港的平稳过渡和繁荣稳定。

＊　这是乔石同志在全国人民代表大会香港特别行政区筹备委员会成立大会上的讲话。

1996 年 1 月 26 日，香港特别行政区筹备委员会在北京成立。图为乔石出席成立大会。

乔石向香港特别行政区筹备委员会委员颁发任命书。

　　我深信，有筹备委员会全体委员的共同努力，有包括香港同胞在内的全国人民的支持，有广大港人的参与，筹备委员会一定会不负全国人民的重托，圆满完成自己所肩负的光荣而又艰巨的任务，在香港回归祖国的历史上写下光辉的一页。

加快立法　加强监督 *

（1996 年 3 月 1 日）

问：1995 年是我国改革开放和社会主义现代化建设的重要一年，在这一年中，全国人大及其常委会主要做了哪些工作？

答：一年来，全国人大及其常委会在邓小平同志建设有中国特色社会主义理论和党的基本路线指引下，按照"抓住机遇，深化改革，扩大开放，促进发展，保持稳定"的基本方针，把加强社会主义民主和法制建设作为根本任务，认真履行宪法赋予的职责，积极推进社会主义市场经济体制的建立和完善，促进国民经济持续、快速、健康发展和社会全面进步，各项工作都取得了新的进展。

第一，继续加强立法工作，把有关市场经济方面的法律作为立法的重点，制定了一批重要的市场经济方面的法律，以及其他方面的法律，在形成社会主义市场经济法律体系方面取得重要进展，为改革开放和现代化建设提供了法律保障。

第二，按照宪法规定，进一步改进和加强对宪法和法律实施的监督，保障宪法和法律的有效实施；加强对国务院、最高人民法院、最高人民检察院工作的监督，支持和督促国家行政、审判、检察机关改进工作。全国人大常委会还积极推动法制宣传教育的深入

---

* 这是乔石同志就加强全国人大立法和监督等问题接受《人民日报》记者采访时的谈话。

开展，提高全民族的法律意识和法制观念。

第三，进一步加强同代表和人民群众的联系，倾听人民群众的意见和呼声。认真办理代表的议案和建议，做好群众来信来访工作，组织代表视察，发挥代表作用，调动人民群众当家作主的积极性。

第四，人大的外事工作是国家整个外交的重要组成部分，是全国人大常委会的一项经常性工作。一年来，全国人大常委会遵循我国对外工作的方针，发挥自己的特点，多层次、多渠道地开展对外工作，增进我国全国人大同外国议会、我国同世界各国、我国人民同世界人民的友谊和合作，积极为我国改革开放和现代化建设创造良好的国际环境。

第五，加强对地方人大常委会的联系和工作上的指导，包括对正在进行的乡镇人大换届选举工作的指导。一年来，地方人大及其常委会遵循宪法和法律的规定，认真行使职权，做了大量工作，在国家政治生活中发挥了重要作用。

问：全国人大及其常委会行使国家立法权。一年来，全国人大及其常委会制定了多少个法律？其中哪些是市场经济方面的法律？它们对我国的改革开放和现代化建设、对我国的社会发展具有什么样的意义和影响？

答：适应建立和完善社会主义市场经济体制的需要，八届全国人大常委会提出，要在本届任期内形成社会主义市场经济法律体系框架，同时健全其他方面的法律。根据这一要求，常委会制定了五年立法规划。按照规划，1995 年，全国人大及其常委会共审议了 37 个法律和关于法律问题的决定草案，通过了 24 个法律和关于法律问题的决定，还批准了 8 个同外国缔结的条约和协定。立法步伐明显加快，立法质量有所提高。

在去年制定的法律中，有关社会主义市场经济方面的法律共

13个。适应金融体制改革的需要，制定了中国人民银行法、商业银行法、保险法、票据法、担保法和关于惩治破坏金融秩序的犯罪分子的决定。这些法律明确了中央银行和商业银行的地位、职责、权利和义务，规定了对银行业和保险业的监督管理，规范了票据和担保行为，为推进金融体制改革，保障金融业的发展，惩治金融犯罪活动，提供了有力的法律武器。为了维护国家税收秩序、惩治利用增值税专用发票犯罪的行为，通过了关于修改税收征收管理法的决定，关于惩治虚开、伪造和非法出售增值税专用发票的决定，保障了税制改革的顺利进行。为保障公司法的顺利实施，制定了关于惩治违反公司法犯罪的决定。在振兴基础产业和支柱产业方面，制定了民用航空法和电力法；在环境保护方面，制定了固体废物污染环境防治法，通过了关于修改大气污染防治法的决定。此外，还抓紧修改证券法草案，审议了拍卖法、统计法修正案等法律草案。

适应加强社会主义民主政治建设、健全国家机构组织制度的需要，通过了关于修改选举法的决定和关于修改地方组织法的决定。这两个决定总结和吸收了这些年来选举工作和地方政权建设比较成熟的经验，对于进一步发展社会主义民主、完善人民代表大会制度，有重要意义。还制定了法官法、检察官法、人民警察法，为加强执法队伍建设、真正把执法人员的管理纳入法制轨道，提供了法律依据。

适应加强社会主义精神文明建设，发展教育、科学、文化、卫生、体育事业的需要，全国人大通过了教育法，对保障教育事业的优先发展，提高全民族的文化素质，具有重要意义；常委会通过了体育法、食品卫生法，审议了促进科技成果转化法草案。

全国人大常委会审议了刑事诉讼法修正案草案和行政处罚法草案，准备提交今年3月的八届全国人大四次会议审议。刑诉法颁布施行已经 16 年了，这次所作的重要修改、补充，总结了 16 年来的实践经验，适应现阶段民主法制建设的需要，是我国法制建设上的一件大事，对完善我国司法制度、惩治犯罪，维护社会治安，保障公民权利，有重要意义。

问：监督宪法和法律的实施，监督国务院、最高人民法院、最高人民检察院的工作，是全国人大常委会的重要职权。1995 年，全国人大常委会在依法行使监督权方面做了哪些工作？

答：全国人大常委会坚持把对法律实施情况的检查监督放在与立法同等重要的位置。一年来，先后派出 17 个检查组，重点检查了关于禁毒的决定、台胞投资保护法、环保法、农业法、妇女权益保障法、关于深入开展法制宣传教育的决定等法律和决定的实施情况。常委会会议听取了上述执法检查的汇报，并进行了审议。对检查中发现的问题，分别送交国务院有关部门、最高人民法院和最高人民检察院处理。执法检查的广度和深度都超过往年。全国人大各专门委员会还组织 27 个检查组，分别对税收征收管理法、教育法、民族区域自治法等 13 个法律的实施情况进行了检查，促进了这些法律的实施。

围绕改革开放和现代化建设中的重大问题及人民群众关心的"热点"问题，听取和审议国务院及其有关部门和最高人民法院、最高人民检察院的工作报告，是常委会对这些国家机关的工作进行监督的重要形式。一年来，常委会听取和审议了国务院关于国有大中型企业改革情况的报告，督促国家有关部门密切合作，采取切实有效的措施，加快国有企业改革，特别是搞好国有大中型企业。针对当前统计工作中存在的弄虚作假、虚报浮夸等不良现象，常委会听取和审议了国务院关于统计工作情况的报告，对完善统计法律，加强统计执法监督，改革和完善统计体制，提出了新的要求。在审议中，委员们对有的地方统计数字虚报浮夸问题提出了批评，有关地方非常重视，及时进行查处，并将处理结果报告了全国人大常委会。常委会听取和审议了关于禁毒工作情况的报告和关于当前社会治安情况的报告，督促有关国家机关进一步贯彻两个文明一起抓、两手都要硬的方针，搞好社会治安综合治理，为现代化建设创造良好的社会环境。常委会还听取和审议了国务院关于国民经济和社会发展计划执行情况的报告以及国家决算的报告，并根据全国人大的授权，批准了国家决算。

问：请您谈谈今年全国人大及其常委会如何进一步加强立法和监督工作。

答：1996年是实施"九五"计划的第一年。党的十四届五中全会通过的《中共中央关于制定国民经济和社会发展"九五"计划和二〇一〇年远景目标的建议》提出，"九五"时期要初步建立社会主义市场经济体制，到2010年要形成比较完善的社会主义市场经济体制。社会主义市场经济体制建立和完善的过程，同时也是经济法制化的过程，必须要有与之相适应的比较完备的法制。因此，要进一步加快立法步伐，抓紧建立和完善与新体制相适应的法律体系。1996年，全国人大常委会将继续把经济立法放在重要位置，按照五年立法规划的安排，紧密结合改革和发展的实际，抓紧制定有关市场经济方面的法律，努力构筑社会主义市场经济法律体系的框架，推进我国经济管理体制和运行机制的规范化、法制化。同时，也要抓紧制定其他方面的法律。做好立法工作，需要各部门、各方面密切配合，共同努力。要严格实行法律起草工作的责任制度。承担法律起草任务的有关部门和单位，要切实加强领导，集中力量，在保证质量的前提下如期完成任务。全国人大各专门委员会除保证完成自己承担的法律起草任务外，还要加强同有关起草单位的联系，了解情况，督促起草工作的进行。全国人大常委会要加强对法律起草工作的指导和协调，帮助解决起草过程中遇到的困难和问题。

在加快立法的同时，全国人大常委会要切实履行监督宪法和法律的实施，监督国家行政、审判、检察机关工作的重要职责。要用更大的精力做好对法律实施的检查监督，完善机制，加强领导，强化力度，增强实效。1996年常委会要重点检查有关市场经济方面的一些法律的实施情况，推动社会主义市场经济新规范、新秩序的建立；同时还要检查科学教育方面的一些法律的实施情况，以促进科教兴国战略的落实。对检查中发现的问题，要督促有关部门认真解决，坚决纠正有法不依、执法不严、违法不究、滥用职权等现象，抓紧建立对执法违法的追究制度和赔偿制度。要继续坚持听取和审议国务院、最高人民法院、最高人民检察院工作报告的制度，切实加强监督。对地方人大监督工作中创造的一些行之有效的好的形式和做法，要注意总结和推广，从而不断提高监督工作的水平。常委会要进一步密切同代表和人民群众的联系，充分反映人民的意见和要求，并自觉地接受人民的监督，把各项工作做得更好。

努力建设社会主义法制国家 *

（1996 年 3 月 13 日）

我们要在邓小平同志建设有中国特色社会主义理论和党的基本路线指导下，努力建设社会主义法制国家。依法治国，建设社会主义法制国家，是我国整个现代化建设事业一个十分重要的部分。早在党的十一届三中全会前夕，邓小平同志就在总结历史经验的基础上指出，为了保障人民民主，必须加强法制。必须使民主制度化、法律化，使这种制度和法律不因领导人的改变而改变，不因领导人看法和注意力的改变而改变。17 年来，在邓小平同志这个思想的指导下，我国的民主法制建设取得了明显的进展，为贯彻党的基本路线、推进社会主义现代化建设发挥了重要作用。今后，我们要在党的领导下进一步加快步伐，努力建设社会主义法制国家。我们的宪法和法律是贯彻党的基本路线和一系列方针政策的，是党领导人民通过法定程序制定的。我们各级党的组织和广大党员，尤其是领导干部，要自觉地遵守宪法和法律，在宪法和法律的范围内活动，为全社会做出榜样。

要坚持法律面前人人平等，排除一切干扰，严格依法办事，坚决纠正有法不依、执法不严、违法不究的现象。人大及其常委会要继续把监督宪法和法律的实施放到与立法同等重要的地位，加强这

---

* 这是乔石同志在八届全国人大四次会议期间参加四川代表团讨论时的发言。

方面的工作。法制宣传教育要采取各种生动活泼、切实有效的形式，以真正提高全社会的法律观念和法律意识。要进一步完善执法和司法制度，政法部门和其他执法部门都要大力加强队伍建设，提高人员素质，提高工作质量和水平，做到廉洁自律，公正执法。

我国有几千年封建社会的历史，民主与法制在"文化大革命"中又遭到严重破坏，改革开放以来取得的成绩还是初步的，我们在这方面面临的建设任务仍然十分艰巨，全面实现依法治国需要一个相当长的过程。在这个过程中，困难和问题不会少，需要我们做出长期的顽强的努力。在邓小平同志建设有中国特色社会主义理论和党的基本路线的指导下，坚持不懈地干下去，我国一定可以逐步实现法制化，成为一个富强、民主、文明的社会主义现代化国家。

依法治国是国家
稳定发展、长治久安的根本保障 *

（1996 年 3 月 17 日）

各位代表：

八届全国人大四次会议，经过全体代表的共同努力，圆满完成了预定的各项任务。这次会议的主要成果是，审议批准了《国民经济和社会发展"九五"计划和二〇一〇年远景目标纲要》和李鹏总理关于《纲要》的报告。《纲要》勾画了我国跨世纪发展的宏伟蓝图，提出了今后 15 年的奋斗目标、主要任务以及一系列重要方针、政策、措施，是指导全党和全国人民加快改革开放和现代化建设的行动纲领。会议还通过了行政处罚法和关于修改刑事诉讼法的决定，以及其他决议、决定。代表们以对国家和人民高度负责的精神，认真履行宪法和法律赋予的职责，畅所欲言，共商国是，使这次会议通过的各项决议、决定充分反映了全国各族人民的根本利益和共同愿望。这是一次民主、求实、团结、奋进的大会。这次会议，对于动员全国各族人民统一思想、齐心协力完成今年的各项工作任务具有重要意义；对于实现今后 15 年的奋斗目标，把一个经济持续发展、社会全面进步、充满生机和希望的中国带入 21 世纪，将产生深远的影响。

现在，我们的奋斗目标已经确定，指导方针和政策措施已经明

---

* 这是乔石同志在八届全国人大四次会议上的讲话。

确，最重要的是抓好落实。实现今后 15 年经济的较快发展和社会的全面进步，有许多有利条件，同时也存在一些矛盾和困难，在前进中还会出现许多新情况和新问题。解决这些矛盾和问题，根本的出路是实实在在地深化改革。17 年来经济建设和社会发展的巨大成就，来自改革；实现未来 15 年的奋斗目标，也要靠深化改革。我们要按照邓小平同志提出的"三个有利于"的标准，坚决地、积极地推进改革，扩大开放，进一步解放和发展社会生产力。这次会议上，大家非常关注加强农业和国有企业改革的问题，提出了许多很好的意见和建议。我们必须把加强农业的基础地位，重视和优先发展农业的方针真正落实到行动上，继续深化农村改革，稳定和完善农村基本政策，积极探索在社会主义市场经济条件下发展农业的

1996 年 3 月 7 日，乔石来到出席八届全国人大四次会议的辽宁代表团参加讨论时与部分代表合影。

1996 年 3 月 9 日，乔石来到出席八届全国人大四次会议的河南省代表团，同代表们一起讨论。左一为河南省委书记李长春。

新思路、新办法。搞好国有企业，特别是大中型企业，关系到国民经济发展的全局。要充分认识国有企业改革的紧迫性、艰巨性和复杂性，开阔思路，勇于探索，对实践证明是可行的做法要积极加以推广，加大改革力度，抓紧建立现代企业制度，使企业更好地适应发展社会主义市场经济的要求。在继续深化经济体制改革的同时，还要加快科技、教育体制改革，促进科教兴国战略的实施，并大力加强精神文明建设。

这次会议通过的《纲要》明确规定："依法治国，建设社会主义法制国家"。这是指导今后我国现代化建设的一条十分重要的方针。依法治国，完全符合邓小平建设有中国特色社会主义的理论，是全国人民的共同愿望，是我国社会发展的客观要求，是国家稳定发展、长治久安的根本保障。在我国历史上，虽然早有"法治"的思想，但在持续几千年的封建社会中从根本上说是不可能做到的，而且那些"法治"的思想本身也带有当时政治和历史的局限性。我国人民经过长期浴血奋斗，最终在中国共产党的领导下建立了人民的国家。新中国成立初期，我们党在法制建设方面做了不少工作。但是，"种种历史原因又使我们没有能把党内民主和国家政治社会生活的民主加以制度化、法律化，或者虽然制定了法律，却没有应有的权威。"①"文化大革命"更是严重破坏法制，"无法无天"，使国家陷入混乱，经济走到崩溃的边缘。"文化大革命"结束后，我们党在邓小平同志率领下，认真总结了历史经验。党的十一届三中全会着重提出了健全社会主义民主和加强社会主义法制的任务，对保障我国社会主义现代化建设起了重要作用。我们的宪法和法律是党领导人民通过法定程序制定的，使党和人民的主张变为国家的意志，变为全社会的准则，体现了党的基本路线和方针政策，代表了人民群众的根本利益。依法治国是加强党的领导的重要保证。我们党的各级组织和广大党员，尤其是领导干部，都要自觉遵守和维护宪法与法律，按照党章的规定，在宪法和法律的范围内活动，严格依法办事，为全社会做出表率。

在实施"九五"计划和 2010 年远景目标纲要的进程中，我们要进一步加强立法，严格执法。要按照市场经济的一般规则和我国的国情，全面建立起社会主义市场经济和集约型经济所必需的法律体系，以保障两个根本性转变的实现，同时抓紧制定其他方面急需的重要法律。法律制定后，必须认真贯彻执行，切实做到有法必依、执法必严、违法必究，使法律具有极大的权威。坚决反对以言代法、以权压

---

① 《〈关于建国以来党的若干历史问题的决议〉注释本》，人民出版社 1983 年版，第 39 页。

1996 年 3 月 17 日，八届全国人大四次会议闭幕，乔石和荣毅仁在休息室交谈。

法，更不允许执法犯法、徇私枉法。执法者要真正做到忠实于法律和制度，忠实于人民利益，忠实于事实真相。要建立健全执法责任制和执法监督机制，严格实行对执法机关、执法人员违法的追究制度和赔偿制度。各级人大及其常委会要把监督和保证宪法、法律的有效实施放在更加突出的地位，加大监督力度，增强监督实效。要继续深入开展法制宣传教育，增强全社会的法律意识和法制观念。

实现《纲要》确定的各项任务，建设有中国特色的社会主义，是全体人民的共同事业。只有充分发挥广大人民群众的积极性和创造性，才能把改革开放和现代化建设事业不断推向前进。我们各级国家机关及其工作人员要始终把人民的利益放在首位，全心全意为人民服务。要紧紧依靠人民群众，关心群众的疾苦，倾听群众的呼声和要求。我们的各级干部都是人民的公仆，决不能做骑在人民头上的"老爷"。对那些侵犯人民利益的腐败行为，发现一件，就要处理一件，触犯刑律的必须依法惩办。各级领导干部要切实转变工作作风，发扬实事求是、艰苦奋斗的优良传统。要说真话，办实事，坚决反对弄虚作假、虚报浮夸。要提倡勤俭节约、清正廉洁，坚决反对铺张浪费、贪图安逸、追求享乐的腐朽作风。要提倡脚踏实地、埋头苦干、勤勉务实，坚决反对官僚主义、形式主义，反对说空话、不解决实际问题的恶劣作风。

各位代表！我们正处在由 20 世纪向 21 世纪迈进的重要时刻，实现我国历史上最辉煌的跨世纪纲领，是历史赋予我们的光荣而艰巨的使命，任重道远。希望各位代表回到自己的工作岗位以后，积极宣传贯彻这次大会的精神，团结和带领全国各族人民，为实现"九五"计划和 2010 年远景目标纲要扎扎实实地工作。让我们在邓小平同志建设有中国特色社会主义理论和党的基本路线指引下，紧密团结在以江泽民同志为核心的党中央周围，同心同德，奋发图强，开拓进取，讲求实效，夺取改革开放和社会主义现代化建设的更大胜利！

答乌克兰新闻界记者问[*]

（1996 年 3 月 30 日）

乌克兰通讯社记者问：尊敬的委员长先生，请您就这次访问乌克兰的成果讲几句话。

答：我应贵国最高苏维埃主席莫罗兹阁下的邀请，来到贵国进行正式友好访问。访问期间，我同莫罗兹主席和库奇马总统、马尔丘克总理、乌多文科外长等贵国领导人进行了诚挚友好和富有成果的会谈，我们对两国关系的发展势头感到满意，在许多问题上达成了共识，双方都希望进一步推动两国关系向前发展。可以说，访问取得了圆满成功，达到了加深了解、增进友谊、扩大合作的目的。访乌期间，我们受到了贵国议会、政府和人民的热情欢迎和友好款待。对此，请允许我、我的夫人和我的同事再次表示最诚挚的谢意。相信通过双方不断努力，中乌关系会进一步向前发展。

问：在苏联时期乌克兰就在与中华人民共和国的经贸、科技和文化合作中占有重要地位。现在这种相互关系已成为国家间的直接关系，您如何评价我们两国的合作？

答：中国和乌克兰虽然分处亚欧两洲，但两国人民之间的友谊和交往源远流长。建交四年多来，两国在各个领域里的合作关系发

＊ 这是乔石同志在基辅接受乌克兰新闻媒体采访时的谈话。

1996 年 3 月 30 日，在乌克兰访问的乔石在他下榻的国宾馆接受乌克兰记者采访。左三为曹志。

展顺利，已成为重要的贸易伙伴。随着两国经济的发展，中乌双方在经济、科技等领域的交流与合作必将进一步扩大，合作的前景是广阔的。

问：中乌两国专家认为，目前中华人民共和国在乌克兰对外经贸交流中位居第二。您认为我们两国间这种关系进一步发展的方向是什么？

答：中国人大、政府和企业界一贯重视发展与乌克兰的经贸合作。两国领导人已就进一步发展双边经贸关系达成了共识，即大力发展现汇贸易，开展符合国际贸易惯例的多种形式的经贸合作，积极鼓励两国大中型企业建立长期稳定的直接经贸联系，减少中间环节。中方愿意在平等互利的基础上与乌方在各个领域开展多种形式的合作。

问：您如何评价乌克兰议会与中国全国人大间的关系？

答：中国全国人大重视同乌克兰最高苏维埃的关系。中乌建交以来，中国全国人大同乌克兰最高苏维埃之间交往频繁，中国全国人大常委会副委员长赛福鼎、王汉斌分别于1992年和1995年率全国人大代表团访乌，乌克兰前最高苏维埃主席普柳希于1993年率乌议会代表团访华。中国全国人大同乌克兰最高苏维埃的交往，为增进两国人民之间的友谊，促进双边合作，发挥了重要作用。不久前，中国全国人大和乌克兰最高苏维埃还分别成立了双边友好小组。中乌是位于亚、欧两大洲的重要国家，在当前的国际形势下，保持中国全国人大和乌克兰最高苏维埃之间的高层接触，加强相互间多层次、多渠道的交往和合作，对于发展和加强两国间的友好合作关系，是有益的和必要的。这次我应莫罗兹主席阁下的邀请，前来贵国进行正式友好访问，目的是进一步加深了解，增进友谊，扩大合作，推动中乌关系朝着面向21世纪的建设性伙伴关系的方向发展。

问：委员长先生，乌克兰最高领导始终不渝地把贵国当做优先的伙伴，中方对此持何观点？

答：乌克兰是欧洲的重要国家，中国始终重视发展同乌克兰的友好合作关系，建交四年多来，中乌签署双边协议、协定三十余项，合作领域不断扩大，合作关系发展顺利。中乌之间不存在任何政治障碍，没有根本的利害冲突，双方在涉及各自的重大问题上相互理解和支持，在国际事务中的合作亦在加深。我们愿意在相互尊重、平等互利的基础上同乌克兰进一步发展各个领域的合作。相信中乌关系的发展有着美好的前景。

《乌克兰之声报》记者问：中华人民共和国各权力机构间存在什么样的制约和平衡机制？

答：我国宪法规定，中华人民共和国的一切权力属于人民。人民行使国家权力的机关是全国人民代表大会和地方各级人民代表大会。全国人民代表大会的常设机关是全国人民代表大会常务委员会。

中国实行人民代表大会制度。最高国家权力机关是全国人民代表大会。它由民主选举产生，对人民负责，受人民监督。国务院是最高国家权力机关的执行机关，是最高国家行政机关。最高人民法院和最高人民检察院分别是国家的审判机关和法律监督机关。国务院、最高人民法院、最高人民检察院由全国人民代表大会产生，对它负责，受它监督。

中国在法律的制定和重大问题的决策上，都由国家权力机关充分讨论，民主决定，而在贯彻执行上，实行严格的责任制。也就是：在人民代表大会统一行使国家权力的前提下，对于国家的行政权、审判权、检察权和武装力量的领导权，都有明确的划分，使国家权力机关和行政、审判、检察机关等其他国家机关能够协调一致地工作。

问：中国经济在国家对外国资本开放的政策下，如何成功地保护国内市场？

答：对外开放是我国的一项基本国策。历史的经验告诉我们，关起门来搞建设，把自己孤立于世界之外，是不行的。经过十几年的改革开放，中国已基本形成了多方位、多层次、多形式的对外开放格局。对外开放由沿海扩展到沿边、沿江、沿主要铁路线和内陆省会城市；对外开放的领域由一般加工业扩展到基础工业和基础设施；外商直接投资由中小企业扩展到大企业；引进了大量先进技术和管理经验。对外开放对加快我国经济建设步伐起到了十分重要的作用。在"九五"期间，我们将继续坚定不移地实行对外开放政策，进一步扩大对外开放程度，努力提高对外开放水平。

在实行对外开放的同时，我们强调坚持独立自主、自力更生的方针。独立自主、自力更生，这是中国经济建设取得成功的一条根本经验。中国的事情要按照中国的实际情况来办，应主要依靠中国人民自己的力量来办。这也是保持经济持续、快速、健康发展的必要条件。

我们并不笼统地提保护国内市场，而是根据改革开放和经济发展的要求，逐步开放国内市场。对一些需要特殊保护的工业，按照国际上通行的做法，我们给予必要的保护。对能源、交通等基础设施，我们将进一步扩大对外开放，同时将有步骤地开放金融、保险、商业、外贸等服务领域。我们实行对外开放的目的和基点是用好国际国内两个市场、两种资源来加快发展本国经济，加快本国经济现代化的进程，也为世界经济的健康发展作出我们的努力。

乌克兰国家电视台记者问：尊敬的委员长先生，在美国和欧洲等地以及在乌克兰的商店货架上，都能看到贴有"中国制造"标记的世界驰名公司的商品。请问这是伪造的还是中国合法制造的？中国向投资者提供什么保证？

答：目前，一些世界驰名公司在中国成立生产企业，或者许可中国企业生产、销售贴有该驰名公司商标的产品。凡在中国生产的产品，只要符合有关规定，都可以在产品上贴有"中国制造"标记。

中国历来很重视对知识产权的保护。中国全国人大常委会先后制定了商标法、专利法、版权法、产品质量法和关于惩治生产、销售伪劣产品的决定等一系列法律。改革开放以来，我国许多企业生产的产品质量有很大提高，在国内外市场上享有较高的声誉。但是，也有一些企业生产的产品质量不高。如果企业生产、销售假冒伪劣产品，无论其产品用于国内销售还是出口，我们都将依法给予处理。

关于为外国投资者提供保证的问题，首先是宪法、法律的保证。中国依照宪法、法律保护外国投资者的合法权益。中国还签订或参加了许多有利于保护外资的国际条约。我们还不断加强能源、交通、港口等基础设施建设，并努力改善外商投资的软环境。最重要的是，中国正致力于建设社会主义市场经济体制，这将有效地保障外国投资得以发展并取得良好的成效。

答俄罗斯《消息报》、
俄通社—塔斯社、《今日报》和
俄罗斯公共电视台记者问 *

（1996 年 4 月 2 日）

《消息报》记者问：报刊早已报道说，您赞成加强全国人民代表大会在中国社会生活中的作用。您如何评价中国的人民代表大会制度？它同西方、苏联及今天的俄罗斯议会制有何不同？邓小平早在 80 年代就谈到中国政治改革的必要性。您对中国政治改革的发展有何评价？近来中国全国人大通过了哪些具体的、最重要的法律？

答：中国实行的政治制度是人民代表大会制度，这一制度的本质是人民当家作主。国家权力机关集中和代表人民的意志和利益，制定法律和决定国家的重大问题，由国家行政、审判、检察等机关负责贯彻执行，并接受国家权力机关的监督。这样就能够保证国家权力掌握在人民手中，便于人民参加对国家的管理，充分发挥广大人民群众建设社会主义的积极性和创造性，有利于国家机构合理、高效运转。中国是从自己的国情出发选择人民代表大会制度作为根本政治制度的。其他国家采取什么样的政治制度，也是由各自国家的社会、历史情况决定的，我们尊重各国人民自己的选择。

---

* 这是乔石同志在莫斯科接受俄罗斯新闻媒体采访时的谈话。

中国的政治体制改革早在 70 年代末就开始了，并且一直没有停止过。比如，我们废除了农村政社合一的人民公社制度，我们不断完善人民代表大会制度，包括对选举制度作了重大改革，我们扩大了地方和企业的自主权等。对行政管理机构，这几年我们正在进行改革，核心是实现政企分开。刚刚闭幕的八届全国人大四次会议通过的行政处罚法和刑事诉讼法修正案，又对我国的行政执法体制和司法制度作了重要改革。今后，中国的政治体制改革还将与经济体制改革同步进行，改革的重要内容之一，就是继续坚持和完善人民代表大会制度。

八届全国人大以来，我们始终把立法工作放在首位，以经济立法为重点，加快了立法步伐。到目前为止，已经审议通过 76 件法律和有关法律问题的决定。1993 年我们修改了宪法，把"坚持改革开放"和"国家实行社会主义市场经济"、"加强经济立法"等写入了宪法。

我们制定了公司法、劳动法、反不正当竞争法、消费者权益保护法、预算法、中国人民银行法、商业银行法等一系列规范市场经济的法律，预计在本届全国人大任期内，适应我国社会主义市场经济体制的法律体系的框架可以初步形成。在保护公民基本权利方面，除了上面已经提到的行政处罚法和刑事诉讼法修正案外，我们还制定了国家赔偿法等。此外还制定了保障和促进教育、科技、文化等事业发展以及其他方面的一些重要的法律。

俄通社—塔斯社记者问：您认为在即将到来的 21 世纪中，俄中关系会是怎样？继续发展两国睦邻友好关系，您认为需要作出哪些努力？俄罗斯国家杜马内部对俄中关系存在各种不同的看法。除了俄中友谊的拥护者外，也同样有人怀疑两国友谊的绝对重要性，而主张与台湾发展更紧密的关系。您是否对此感到不安？

答：中俄两国面向 21 世纪的建设性伙伴关系，是建立在和平共处五项原则基础上的完全平等的睦邻友好、互利合作的新型国家关系，它不仅符合中俄两国和两国人民的根本利益，也有利于亚太地区以及整个世界的和平、稳定与发展。长期稳定地发展睦邻友好关系，是两国领导人和两国人民总结历史经验、从实际出发作出的正确选择，不会也不应该因某些人的某种言论而有所动摇。今后，两国不仅要继续保持高层交往与接触，而且要拓展互利合作的新领域，特别要做好中青年一代的工作。

台湾问题是关系到中国主权、统一和领土完整的原则问题。俄罗斯方面在中俄历次签署的双边政治文件中都重申了坚持"一个中国"的立场，承认中华人民共和国政府是代表全中国的唯一合法政府，台湾是中国领土不可分割的一部分，承诺不与台湾发展官方关系。叶利钦总统还专门就此问题发布过总统令。我们对此表示赞赏。

《今日报》记者问：当前人们普遍对台湾问题感兴趣。中国领导人将如何来实现两岸的统一？作为中国最高国家权力机关，中国全国人大将在这方面起什么作用？

答：我们在台湾问题上奉行"和平统一、一国两制"的基本方针，这符合海峡两岸中国人民的根本利益和共同愿望。坚持"一个中国"原则，是实现和平统一的基础和前提。我们坚决反对台湾当局某些领导人制造"两个中国"、"一中一台"和"台湾独立"的图谋。我们希望和平统一，但我们决不承诺放弃使用武力。台湾问题纯属中国内政，我们决不允许外国势力以任何借口和形式进行干涉。要把台湾分裂出去，是 12 亿中国人民决不答应的。我们维护国家主权、统一和领土完整的立场是任何力量也动摇不了的。

早在 1978 年，五届全国人大常委会就通过了《中华人民共和国全国人民代表大会常务委员会告台湾同胞书》，呼吁海峡两岸结束军事对峙状态，尽快实现通航、通商、通邮，完成祖国统一大业。近几年，全国人大常委会还通过了台湾同胞投资保护法等一些法律。今后，中国全国人大还将继续为祖国的统一作出自己的努力。

俄罗斯公共电视台记者问：您如何评价当前俄罗斯议会和中国全国人大之间的联系？

答：中国全国人大和俄罗斯联邦会议在各自国家生活中和构筑中俄长期稳定的睦邻友好关系方面发挥着重要作用。近来中国全国人大和俄罗斯联邦会议之间的交往逐渐增多，各对口的委员会之间的交流也较为频繁。双方都成立了友好小组并派团实现了互访。这些交往增进了中国全国人大和俄罗斯联邦会议之间的互相了解。不久前，俄罗斯新一届议会开始工作，中国全国人大愿同俄罗斯联邦会议继续保持和发展业已存在的友好合作关系，加强交流，为两国关系的发展共同作出新的努力。这次，我应俄罗斯联邦委员会主席斯特罗耶夫和俄罗斯国家杜马主席谢列兹尼奥夫的邀请，来到伟大的邻邦俄罗斯进行正式友好访问。我相信，这次访问必将成为中国全国人大和俄罗斯联邦会议密切交往的新的起点。

1996 年 4 月 4 日，乔石和夫人郁文在圣彼得堡参观"阿芙乐尔"号巡洋舰。

1996 年 4 月 11 日，古巴首都哈瓦那市长马丁内斯在城市博物馆向到访的乔石授予荣誉市民称号。图为乔石在仪式上致答辞。

1996 年 4 月 18 日，加拿大里贾纳大学举行隆重仪式，授予乔石法学博士学位。

努力推进依法治国的进程*

（1996 年 8 月 29 日）

本次会议的各项议程已经进行完毕。会议共听取了八个法律草案的修改意见和说明，经过认真审议，通过了老年人权益保障法、煤炭法、关于修改矿产资源法的决定。还听取和审议了国务院关于今年以来国民经济和社会发展计划执行情况的报告，决定了其他事项。

八届全国人大一次会议以来，我们的立法和监督等工作都取得了较大进展。在这三年多的时间里，全国人大及其常委会通过了89 个法律和有关法律问题的决定，特别是制定了一批有关市场经济的法律，在形成社会主义市场经济法律体系框架方面迈出了重大步伐。常委会对 17 个法律的实施情况进行了检查，并听取了汇报，对改进执法提出了要求。常委会还通过了《关于继续开展法制宣传教育的决议》，促进了普法工作在全国范围内广泛、深入地开展。与此同时，地方各级人大及其常委会制定了许多地方性法规，并运用多种形式开展监督工作，也取得了显著成绩。

从党的十一届三中全会以后，截止到本次人大常委会会议闭会，全国人大及其常委会审议通过的法律和有关法律问题的决定，已有整整 300 个。这也说明，改革开放以来，我国的法制建设成绩

---

* 这是乔石同志在八届全国人大常委会第二十一次会议上的讲话。

是很大的，是令人鼓舞的。同时，我们也看到，形势的发展向全国人大和全国人大常委会提出了新的更高的要求。八届全国人大四次会议批准的《国民经济和社会发展"九五"计划和二〇一〇年远景目标纲要》，明确规定"实行依法治国，建设社会主义法制国家"。我们要作出更大的努力，为贯彻落实这个重要方针而奋斗。要继续把立法工作放在首位，完成八届全国人大常委会立法规划。按照这个规划，还有五十多个立法项目需要抓紧起草和提请审议，任务仍然十分繁重。我们要进一步加快立法步伐，提高立法质量，抓紧制定发展市场经济和集约型经济所必需的法律，尽快形成社会主义市场经济法律体系框架；还要抓紧制定立法法、监督法，修改刑法等法律。常委会要在抓好立法工作的同时，努力改进和加强监督工作，有计划、有重点地开展对法律实施的检查监督。今年我们已经检查了环境保护法、教育法的实施情况，还要检查劳动法、关于加强社会治安综合治理的决定的实施情况。在监督方面，要进一步采取有效措施，健全机制，强化力度，增强实效，坚决纠正有法不依、执法不严、违法不究的现象。最近，许多地方积极开展依法治理活动，取得了较好的效果。这次会议上，广东省人大常委会主任朱森林同志就依法治省问题做了发言，讲得很好。我们要通过深入开展法制宣传教育和依法治理活动，进一步提高全社会的法制观念和法律意识，切实树立宪法和法律的权威，做到严格依法办事。全国人大常委会还要继续积极开展同外国议会的交往和合作。今年9月，各国议会联盟第九十六届大会将在北京举行。我们作为东道主，要认真做好各项工作，保障这次会议的顺利进行。

完成上述任务，需要全国人大常委会组成人员的共同努力，也需要地方人大常委会的支持和配合。我们要再接再厉，认真履行宪法赋予的职责，把各项工作做得更好。要自觉遵守《全国人大常委会组成人员守则》，以高度的责任心和使命感，集中精力，专心致志地做好本职工作，其他社会活动要服从常委会工作的需要。要围绕常委会审议的议案，深入群众，深入基层，开展调查研究，听取和反映人民群众的意见和呼声，为审议议案做好准备。要积极参加常委会和专门委员会组织的各项活动，特别是要保证出席常委会会议，认真审议各项议案，提高工作效率和水平。全国人大常委会和专门委员会办事机构的工作人员也要兢兢业业，为常委会行使职权提供高质量的服务。总之，我们要在邓小平建设有中国特色社会主义理论和党的基本路线指引下，遵循宪法的规定，齐心协力，扎实工作，努力推进依法治国、建设社会主义法制国家的进程。

答德国《商报》记者问*

（1996 年 9 月 3 日）

问：中国人大是怎样通过加强立法来保障公民权利和自由的？

答：在我们国家，人民是国家和社会的主人。按照宪法规定，公民享有广泛的权利和自由。我们一贯重视通过立法来保障公民的权利和自由。早在 1978 年，邓小平就指出："为了保障人民民主，必须加强法制。必须使民主制度化、法律化，使这种制度和法律不因领导人的改变而改变，不因领导人的看法和注意力的改变而改变。"这十几年来，我国全国人大及其常委会，一直在努力加强这方面的工作。现在，我们已经初步形成了以宪法为核心的保障公民权利和自由的法律制度。我国的宪法，专门有《公民的基本权利和义务》一章，对公民的基本权利，包括言论、出版、集会、结社、游行、示威、宗教信仰等自由作了明确规定。为了保障公民行使选举的权利，我们曾根据实践经验几次修改选举法，完善选举制度。按照现行的选举法，不但政党、人民团体可以提出代表候选人，选民或代表联名也可以提出候选人；以前的等额选举已改为差额选举；直接选举人大代表的范围扩大到了县一级。为了保障公民对国家机关侵权行为的诉讼权和依法获得国家赔偿的权利，我们制定了

---

* 这是乔石同志在人民大会堂接受德国《商报》记者赖纳·纳伦多夫采访时的答问。

行政诉讼法和国家赔偿法。为了保障公民参加基层民主管理,我们制定了村民委员会组织法(试行)和城市居民委员会组织法。为了保障公民的其他基本权利,我们还制定了义务教育法、劳动法、妇女权益保障法、未成年人保护法、残疾人保障法等一系列法律。可以说,中国保障公民权利和自由的法律是比较完备的。今后,我们还将在这方面继续努力,根据人民的意愿和实际的需要不断完善法律。

问:中国人大通过了许多法律,但有些法律实施并不顺利。你们是怎样保证法律的有效实施的?

答:我们制定法律,就是为了施行。有法必依,执法必严,违法必究,这是我们坚定不移的原则。这些年,法律实施的状况总的说是有较大改进的。我国各级组织对法律的重视程度、依法办事的自觉性和能力在逐步提高;司法部门和行政执法部门总的说是努力

1996年9月3日,乔石在北京人民大会堂接受德国《商报》记者赖纳·纳伦多夫的采访。

严格执法的；法制宣传教育的效果也比较明显，干部和群众的法律意识有了比较大的增强。当然，由于历史的原因和现实的情况，中国形成完备的法制需要一个相当长的奋斗过程。当前，在法律实施方面还存在着一些问题，在一些地方和部门，不依法办事，甚至以权压法、徇私枉法等现象还是比较严重的，也包括像你所说的，一些法律实施得不够好。对这些问题，我们是非常重视的，正在采取措施着力予以解决。首先是改革、完善司法制度和行政执法机制，加强执法队伍建设，提高司法和行政执法水平。我们建立的对执法机关和执法人员违法的追究制度和赔偿制度，就是比较重要的措施。其次是加强对法律实施的监督。全国人大常委会把这项工作放在与立法同等重要的位置，每年都派出若干个检查组，开展执法检查活动，督促有关部门改进执法工作，尤其是纠正执法违法的现象。这项工作还将继续加大力度，增强实效。地方各级人大常委会也采取多种形式，监督法律的实施。各级人大常委会还设有专门的信访机关，受理公民的控告、申诉和检举，纠正有关部门执法不当的问题和各种违法的行为。再次是深入、持久地开展法制教育。我们已经完成了两个五年普法规划，今年又开始实施第三个五年普法规划。我们将进一步下大力气提高广大干部和群众，尤其是各级领导干部的法制观念和依法办事的能力。今年3月，八届全国人大四次会议通过的"九五"计划和2010年远景目标纲要，着重强调"依法治国，建设社会主义法制国家"。我们相信，在这一方针指引下，经过国家机关和人民群众共同努力，法律实施的情况将会逐步得到更多的改进，法制建设将会取得更大的成绩。

问：您同意在人大进行公开的辩论吗？

答：你提这个问题是不是想了解中国人大在召开会议时发扬民主的情况？在我们国家，各级人大及其常委会都严格依照法定程序，充分发扬民主，集体讨论问题，集体决定问题。全国人大组织法和全国人大及其常委会的议事规则，对会议程序作了具体的规定。按照会议程序，各项议案在提交表决前，都要广泛听取各方面的意见，都要经代表、委员充分讨论。在讨论中，代表、委员们畅所欲言，各抒己见，各种意见当然包括反对意见都可以发表。无论是代表大会，还是常委会会议，无论是全体会议，还是分组讨论，在审议法律议案时，不同意见的辩论是经常有的，道理越辩越明嘛。为了保障代表能自由地表达自己的意愿，法律还规定代表在人大各种会议上的发言和表决，不受法律追究。全国人大会议公开举行，新闻媒体对讨论和辩论的情况都可以报道。

问：中国共产党是否有可能演变成为社会民主党？

答：中国共产党产生的社会根源和历史根源同西方的社会民主党是完全不一样的。中国共产党是产生在灾难深重的半殖民地、半封建的旧中国土地上的。它成立后，本着马克思主义基本原理同中国具体实际相结合的原则，带领人民经过前仆后继、不屈不挠的斗争，建立了新中国。新中国成立后，我们党努力探索解决中国建设社会主义的问题。尤其是从 70 年代末开始，在邓小平同志的率领下，我们党系统地总结了历史经验，走上了建设有中国特色社会主义的道路。实践证明，这条道路是正确的，是得到广大人民群众拥护的。总之，中国共产党所走的道路，它的路线、方针和政策，是党领导人民经过几十年的奋斗牺牲，在中国的土地上，从中国革命和建设的实践中产生、发展和受到检验的，今后还将继续坚持下去。目前我们党同世界上一些社会党、社会民主党和他们的国际组织有联系，保持着友好交往，但是中国的历史和现实都决定了中国共产党不可能变成社会民主党。

问：在中国有中国共产党的领导，可否允许政治上的多元化？

答：中国共产党的领导地位和作用是在长期的历史过程中形成的。除共产党外，中国还有八个民主党派。我们实行共产党领导的多党合作和政治协商制度。共产党是执政党，各民主党派是参政党。这既不同于西方的两党制或多党制，又不同于一党制，是有中国特色的政党制度。这个制度也是在历史发展过程中形成的。这些民主党派在民主革命中，有过同我们党共同奋斗的历史；新中国成立后，在国民经济恢复、社会主义改造和社会主义建设中，也作出了重要贡献；今天，又同我们党一起致力于建设有中国特色的社会主义。中国共产党按照"长期共存、互相监督、肝胆相照、荣辱与共"的方针，同各民主党派协商议事，支持他们参政议政，并进行民主监督，也支持民主党派和无党派人士在国家机关担任领导职务。比如在我们全国人大，就有各个民主党派的人士担任领导职务。实践证明，这一制度符合中国国情，有利于国家的稳定和发展。我们将长期坚持这一制度。

建设高度的社会主义民主，是我们的根本目标和根本任务之一。早在 70 年代末，邓小平就指出："没有民主就没有社会主义，就没有社会主义的现代化。"十几年来，我们在实行经济改革的同时，推进政治体制改革，也取得了明显的进展。今后，我们将继续奋斗下去，努力使民主制度化、法律化，从根本上保证国家政治生活的民主化。当然，我们这个国家有几千年封建社会的历史，也还有其他一些因素的影响。民主要一步一步地发展，要符合中国的情况。我们相信，只要坚持不懈地下工夫，有中国特色的社会主义民主政治，一定可以建设起来。

问：中国共产党 50、60 和 70 年代的意识形态，哪些今天还起作用？中国存在后退的危险吗？您认为社会主义的前景如何？

答：中国共产党历来坚持把马克思主义基本原理同中国革命和

建设的具体实践密切结合，坚持实事求是，一切从实际出发，以实践为检验真理的唯一标准。这是我们党过去和现在一条最根本的原则。无论革命战争年代，还是和平建设时期，只要我们党坚持这一根本原则，解决中国问题就比较顺利。历史上，我们党曾经走过一些弯路，遭受过一些挫折，有过失误，除了客观原因之外，归根到底都是由于脱离了中国的实际。我们有一条，就是发现错了，就实事求是地坚决纠正。

在新的历史条件下，我们党从实际出发，解放思想，积极探索，形成了邓小平建设有中国特色社会主义的理论，系统地回答了在中国这样一个经济文化比较落后的国家建设社会主义的问题。在这个理论的指导下，我们党制定了社会主义初级阶段的基本路线，简要地说，就是以经济建设为中心，坚持四项基本原则，坚持改革开放。这些年，我们国家的发展和变化举世瞩目。实践证明，邓小平建设有中国特色社会主义的理论和党的基本路线是符合中国实际的，是深入人心的。只有沿着这条道路走下去，中国才能成为一个富强、民主、文明的社会主义现代化国家。中国不会后退，因为后退是没有出路的，全党不允许，全国人民不允许。

当然，在继续前进的过程中，进一步改革开放，进行新的探索，也需要排除各种干扰。邓小平曾经深刻地指出，有右的东西影响我们，但根深蒂固的还是"左"的东西。中国要警惕右，但主要是防止"左"。我们必须保持清醒的头脑，这样就不会犯大错误，出现问题也容易纠正和改正。建设有中国特色社会主义的伟大事业已经取得了显著的成绩，我们坚信，这一事业的前景是美好的，一定会获得巨大成功。当然，这需要一个相当长的过程，需要好几代人的艰苦努力和顽强奋斗。在拥有世界 1/5 以上人口的大国建成社会主义，这对于世界的发展和人类社会的进步，都将具有十分重要的意义。

在各国议会联盟
第九十六届大会开幕式上的致辞

(1996 年 9 月 16 日)

尊敬的议联理事会主席苏鲁尔博士，议联秘书长科尔尼永先生，联合国秘书长代表里德先生，各位议员、各位驻华使节，女士们、先生们：

今天，世界各国议会的代表团和有关国际组织的代表相聚在北京，参加各国议会联盟第九十六届大会，我们作为东道主深感荣幸。首先，请允许我代表中国全国人民代表大会及其常务委员会，并以我个人的名义，向出席本届会议的全体代表和各位来宾表示热烈欢迎，并预祝大会圆满成功。

各国议会联盟，作为各主权国家议会的代表参加的国际组织，多年来致力于加强各国议会、议员间的交流，为增进各国人民之间的友谊和合作，促进世界和平，发挥了积极的作用。这次议联北京大会，将围绕国际政治形势、世界经济发展和人类社会进步等方面的问题展开讨论。我们希望并相信，这次会议能够本着相互尊重、平等相待、充分协商、求同存异的精神，进行广泛的交流和切磋，加深了解，扩大共识，为世界和平与发展，作出积极贡献。

从 70 年代末开始，中国进入了一个新的历史发展时期。在邓小平建设有中国特色社会主义理论的指引下，我们坚持以经济建设为中心，努力深化改革，扩大开放，解放和发展生产力，现代化建设取得了举世瞩目的成就，国家面貌发生了巨大变化；我们积极

1996 年 9 月 16 日，乔石在各国议会联盟第九十六届大会开幕式上致辞。

推进政治体制改革，努力建设有中国特色的社会主义民主政治，发展社会主义精神文明，也取得了显著的进步。

　　当前，我们正在按照我国《国民经济和社会发展"九五"计划和二〇一〇年远景目标纲要》的要求努力奋斗，积极推进从计划经济体制向社会主义市场经济体制的转变，推进经济增长方式从粗放型向集约型转变；同时继续本着两个文明一起抓的方针，大力推进社会各方面的改革和建设。我们的目标是，把我国建设成为富强、民主、文明的社会主义现代化国家。我们对此充满信心，中国人民完全有能力做到这一点。通过几代人的不懈努力，这个目标一定可以实现。

　　在这一伟大的变革过程中，中国全国人民代表大会肩负着重要的责任。人民代表大会制度是我国的根本政治制度。人大认真行使宪法赋予的各项职权，积极反映时代的要求，忠实代表人民的利益，努力体现国家的意志，对于推进我国的经济发展和社会进步，具有十分重要的意义。改革开放以来，全国人大及其常委会积极行使国家立法权，制定了 300 项法律和关于法律问题的决定，初步形成了以宪法为核心的法律体系。我国宪法和法律，对保障公民的政治权利、人身权利、财产权利、劳动权利、受教育权利等基本权利，作出了广泛的规定。我国制定了民事诉讼法、刑事诉讼法、行政诉讼法和国家赔偿法等法律，对保障公民的诉讼权利和依法取得国家赔偿的权利作出了明确规定。为保护特殊利益群体的权益，制定了妇女权益保障法、未成年人保护法、老年人权益保障法、残疾人保障法等法律。中国保障公民权利的法律是比较完善的。近几年，为适应建立和完善社会主义市场经济体制的需要，我们抓紧制定了一批有关市场经济方面的法律，努力推进经济管理体制和运行机制的规范化、法制化。全国人大及其常委会在加快立法的同时，还认真行使监督职权，大力加强对宪法和法律实施的监督，逐步改

1996 年 9 月 13 日，乔石在北京人民大会堂会见出席各国议会联盟第九十六届大会的议联理事会主席艾哈迈德·苏鲁尔和议联秘书长皮埃尔·科尔尼永等。

进和加强对行政、审判、检察机关工作的监督。实践表明，全国人大及其常委会在我国国家生活中发挥着重要作用。我们将继续坚定不移地把加强民主法制建设作为根本任务，积极推进依法治国、建设社会主义法制国家的进程，保障我国改革开放和现代化建设的顺利进行。

朋友们：

当前我们正处于世纪之交，和平与发展仍然是两大主题。世界局势趋向缓和，同时我们也看到，维护和平，促进发展，仍需作出巨大努力。中国全国人大及其常委会将一如既往地重视开展同外国议会的交往，积极增进与外国议会和人民之间的了解和友谊，努力为人类进步事业贡献力量。我们愿竭力为这次大会的顺利进行创造良好条件，并通过这次大会，巩固与老朋友的联系，结识更多的新

1996年9月16日晚，乔石在北京人民大会堂举行招待会，欢迎参加各国议会联盟第九十六届大会的代表团团长。这是招待会前，乔石和夫人郁文会见各国代表团团长。

朋友，加强中国全国人大同世界各国议会的合作，增进中国同世界各国的友好关系，发展中国人民同世界各国人民的友谊。

最后，祝大家在我国度过一段愉快的时光。

社会主义精神文明建设和民主法制建设是紧密结合、互相促进的 *

（1996 年 10 月 29 日）

本次会议的各项议程已经进行完毕。会议通过了四个法律、初步审议了两个法律草案，还听取和审议了姜春云副总理关于减轻农民负担问题的报告、倪志福副委员长关于检查劳动法执行情况的报告、费孝通副委员长关于检查教育法执行情况的报告。这三个报告所提出的问题，一定要认真对待，切实解决。从这次全国性的教育执法检查看，实施教育法，依法治教，已有了一个良好的开端，但还需要进一步抓紧，要坚持不懈地推动教育事业的发展。只有不断提高全民族的科学文化素质，才能建设富强、民主、文明的社会主义现代化国家，才能走在世界的前列。要进一步把教育、科技、文化等各项事业的发展纳入法制轨道。本次会议前举行的委员长会议认为，今后要进一步加强执法检查的力度。法律颁布后一定要坚决执行，各级领导干部要带头学法、守法，自觉维护法律的尊严，严格依法办事。

现在，各级国家机关和全国人民都在认真贯彻党的十四届六中全会精神。要密切联系实际，深入学习《中共中央关于加强社会主义精神文明建设若干重要问题的决议》，学习邓小平同志关于精神文明建设的论述，坚持"两手抓、两手都要硬"的方针，在牢牢把

---

* 这是乔石同志在八届全国人大常委会第二十二次会议上的讲话。

握经济建设这个中心，搞好物质文明建设的同时，切实把精神文明建设抓上去。社会主义精神文明建设和民主法制建设是紧密结合、互相促进的。我们要按照宪法规定和六中全会决议的要求，进一步加强立法工作和对法律实施的检查监督，用法制保障社会主义道德风尚的形成、巩固和发展，促进社会主义文化建设的繁荣，努力开创两个文明建设的新局面。

1996 年 9 月 15 日，中国京剧名家名段演唱会系列活动有关演出在中央电视台举行，乔石、朱镕基、丁关根等党和国家领导人出席并观看。这是他们同著名京剧艺术家袁世海（前排左二）、张君秋（前排左四）亲切交谈。

1996 年 12 月 29 日，乔石在北京参观鲁迅博物馆。

答美国《费城问询者报》记者问*

（1996 年 12 月 13 日）

问：全国人大及其常委会在中国社会中起什么作用？

答：全国人大及其常委会在中国社会中的作用，是由宪法规定的。根据我国宪法，中华人民共和国的一切权力属于人民；人民行使国家权力的机关是全国人民代表大会和地方各级人民代表大会。宪法还规定：全国人民代表大会是最高国家权力机关。它的常设机关是全国人民代表大会常务委员会。国务院、最高人民法院、最高人民检察院等国家机关，都由全国人大产生，对它负责，受它监督。按照我国宪法，全国人大及其常委会统一行使最高国家权力。在这个前提下，明确划分国家的行政权、审判权、检察权和武装力量的领导权，使最高国家权力机关和最高国家行政机关、审判机关、检察机关等其他国家机关各司其职、协调一致地工作。

我想从下列几个方面简要谈谈全国人大及其常委会在中国社会中的作用：

第一，根据宪法规定，全国人大及其常委会行使国家立法权。全国人大及其常委会始终把立法工作摆在重要的位置，1979 年以来，已经制定了 304 件法律和有关法律问题的决定，初步形成了以

---

* 这是乔石同志在人民大会堂接受美国《费城问询者报》专栏作家特鲁迪·鲁宾采访时的答问。

1996 年 12 月 13 日，乔石在北京人民大会堂接受美国《费城问询者报》专栏作家特鲁迪·鲁宾女士的采访。

宪法为核心的法律体系，国家政治生活、经济生活和社会生活的基本的主要的方面已经有法可依，社会主义民主法制建设取得了显著的成绩。我们将继续努力，进一步加强立法，保障民主，健全法制。

第二，根据宪法规定，全国人大及其常委会监督宪法和法律的实施，监督国家行政、审判、检察等机关的工作。对法律的实施情况，全国人大常委会有计划、有重点地开展检查，检查结果向常委会全体会议汇报。有关方面对此很重视，根据人大的意见努力改进执法工作。在历次全国人民代表大会会议上，国务院、最高人民法院、最高人民检察院都向大会报告工作。代表们在审议中既肯定他们的成绩，也提出中肯的意见。国务院及其有关部门、最高人民法院和最高人民检察院的负责人还要到各代表团听取意见，回答代表的询问。有关部门对代表提出的建议、批评和意见，也要认真研究，及时作出答复。在每两个月举行一次的全国人大常委会会议上，也都根据一个时期国家工作的重点和人民群众普遍关心的问题，听取和审议国务院及其有关部门、最高人民法院和最高人民检察院的工作汇报。我还想提到一点，从我们的情况出发，在代表大会和常委会会议正式听取和审议这些报告之前，在报告的起草和修改过程中，人大和有关机关便可以就一些问题交换意见，进行沟通。人大的专门机构把各方面的意见认真研究后，可以向有关机关提出建议供其参考和吸收，使这些报告正式提交审议时有一个比较好的基础。另外，会后我们还要对会议所作决定的执行情况进行调查研究。实践证明，上述这些做法对支持、帮助、督促有关机关做好工作很有好处。地方各级人大及其常委会，在行使监督权方面也已经有了一些成功的经验和好的做法。我们正在进行总结和研究，努力使监督工作逐步走向制度化、法律化。

第三，国家的一些全局性的重大事项，像国民经济和社会发展计划，国家的预算，省、自治区、直辖市的建置，特区的设立及其制度等重大问题，宪法规定要由全国人大及其常委会进行审议，作出决定。例如，举世关注的长江三峡工程的兴建，香港特别行政区和澳门特别行政区的设立，都是由全国人大审议批准和作出决定的。正在实施的国民经济和社会发展"九五"计划和 2010 年远景目标纲要，也是今年 3 月由八届全国人大四次会议审议批准的。

第四，根据宪法规定，全国人大选举国家主席、副主席；选举中央军委主席、最高人民法院院长和最高人民检察院检察长；根据国家主席的提名，决定国务院总理的人选；根据国务院总理的提名，决定国务院副总理、国务委员、各部部长的人选等。

总之，按照我国宪法的规定和我国的根本制度，全国人大在社会生活中起着十分重要的作用。

问：全国人大与中国共产党的关系是怎样的？

答：中国共产党的领导地位和作用是在长期的历史过程中形成的。中国共产党本着马克思主义基本原理同中国具体实际相结合的原则，带领人民经过前仆后继、不屈不挠的斗争，建立了新中国。新中国成立后，我们党又努力探索解决中国建设社会主义的问题，并从70年代末开始，在邓小平同志的率领下，走上了建设有中国特色社会主义的道路，得到全国人民的衷心拥护和坚决支持。正如邓小平指出的，没有党的领导，就没有现代中国的一切；没有党的领导，也就不可能实现国家的现代化。

中国共产党是中国社会主义事业的领导核心。国家机关在党的领导下工作。全国人大及其常委会在党的领导下，依法行使职权，开展工作，努力贯彻党的路线方针政策，全心全意为全国人民服务。党领导国家机关，但并不代替国家机关的工作。关于这一点，早在1956年党的八大上，邓小平就作过明确论述。他强调，党在国家生活和社会活动的各个方面起着领导作用；同时又指出，"这当然不是说，党可以直接去指挥国家机关的工作，或者是把各种纯粹行政性质的问题提到党内来讨论，混淆党的工作和国家机关工作所应有的界限。"①党的领导主要是政治、思想和组织的领导。党对国家事务的领导，主要是政治原则、政治方向、重大决策的领导和向国家机关推荐重要干部。党组织关于国家事务的重大决策，凡是应当由人大或人大常委会决定的事项，都要经人大或人大常委会通过法定程序变成国家意志。

国家权力机关通过的宪法、法律，各级党的组织和所有共产党员都必须严格遵守和执行。中国共产党章程规定："党必须在宪法

① 《邓小平文选》第一卷，人民出版社1994年版，第236页。

和法律的范围内活动"，我国宪法也规定："任何组织或者个人都不得有超越宪法和法律的特权"。我们党领导人民制定宪法和法律，也领导人民实施宪法和法律。我们一直强调，宪法和法律是人民群众意志的体现，也是党的主张的体现，执行宪法和法律，就是按人民群众的意志办事，就是贯彻党的路线、方针、政策，这两者是完全一致的。我们一直强调党的组织和党员要自觉遵守法律，严格依法办事，坚决维护法律的权威，绝大多数的党组织和党员都是这样做的。

问：全国人大和它的常委会在 80 年代是否更加活跃？今后在治理国家方面将会起到更大作用吗？

答：中国的全国人民代表大会是 1954 年成立的。到 60 年代前期为止，全国人大及其常委会在国家生活中曾经发挥了重要作用，审议通过或批准的法律和有关法律问题的决定就有 130 多件。但是，在"文化大革命"中，人民代表大会制度遭到了严重破坏。

"文化大革命"结束后的 1978 年年底，中国共产党召开了十一届三中全会，这次会议在总结新中国成立以来，特别是"文化大革命"经验教训的基础上，实现了伟大的历史性转变，把工作着重点转移到了社会主义现代化建设上；同时提出，"为了保障人民民主，必须加强社会主义法制，使民主制度化、法律化，使这种制度和法律具有稳定性、连续性和极大的权威，做到有法可依，有法必依，执法必严，违法必究。"① 会议还提出："从现在起，应当把立法工作摆到全国人民代表大会及其常务委员会的重要议程上来。"② 从那个时候开始，人民代表大会制度不断得到加强，全国人大及其常委会

① 《三中全会以来重要文献选编》上，人民出版社 1982 年版，第 10 页。
② 《三中全会以来重要文献选编》上，人民出版社 1982 年版，第 10 页。

的工作也不断有新的进展，在国家生活中发挥的作用越来越大。

全国人大及其常委会今后在治理国家方面将会起更大的作用。人民代表大会成立以来四十多年的实践已经充分证明，把人民代表大会制度作为中国的根本政治制度，是符合中国国情的，是受到全国各族人民拥护的。我们的目标是把我国建设成为一个富强、民主、文明的社会主义现代化国家。在这个奋斗的过程中，更好地发挥人大的作用，是中国社会发展的客观要求，也是我们努力的方向。邓小平曾经指出，"在政治体制改革方面有一点可以肯定，就是我们要坚持实行人民代表大会的制度"①。我们党的决定中也多次强调，要坚持和完善人民代表大会制度。八届全国人大四次会议通过的"九五"计划和2010年远景目标纲要，着重强调"依法治国，建设社会主义法制国家"；并强调"依据宪法，继续完善人民代表大会制度"。今后全国人大及其常委会将继续认真履行宪法、法律赋予的职责，严格按照宪法、法律办事，努力为国家的民主法制建设、为国家的现代化事业作出更大的贡献。

问：中国在经济立法和刑事立法方面正在进行哪些改革？

答：中国的经济立法，首先是要保障和促进社会主义市场经济体制的建立和完善。我们在1993年就提出，要力争在本届人大任期内，初步形成社会主义市场经济法律体系。到目前为止，我们已经制定了公司法、劳动法、反不正当竞争法、消费者权益保护法、预算法、中国人民银行法、商业银行法、保险法、担保法、票据法、乡镇企业法等一系列规范市场主体、维护市场秩序、完善宏观调控和社会保障方面的法律。并从适应社会主义市场经济体制的要求出发，修改了经济合同法、个人所得税法、会计法等一批法律。

---

① 《邓小平文选》第三卷，人民出版社1993年版，第307页。

可以说，在形成社会主义市场经济法律体系方面，我们已经取得了重大的进展。

我们在制定和修改经济方面的法律时，比较注意同国际上通行做法相衔接的问题。特别是在制定和修改外资企业法、中外合资企业法、中外合作经营企业法、涉外经济合同法、专利法、商标法、对外贸易法、仲裁法等一大批涉外经济法律时，我们都充分考虑到了国际惯例和国际上通行的做法。

在刑事立法方面，我们强调既要惩罚犯罪，又要保护公民权利，很重视根据实际情况制定和完善有关法律。在今年3月召开的八届全国人大四次会议上，我们审议通过了关于修改刑事诉讼法的决定，对我国的刑事诉讼制度和司法制度进行了重大改革。这一改革主要包括：完善强制措施，取消了收容审查；将律师参加刑事诉讼的时间提前，加强了对诉讼参与人合法权利的保护；取消了免予起诉制度；完善了法庭审理案件的方式；明确规定了人民检察院自侦案件的范围等。对刑事诉讼法的修改是从中国的实际出发的，同时也研究借鉴了外国一些有益的经验。这些改革对提高司法效率，保证严格公正执法，准确惩罚犯罪，特别是加强公民权利的保障，都有重要意义。目前，我国对刑法的修改工作也在进行之中。

答美国《中国新闻》
英文月刊记者问*

（1996 年 12 月 28 日）

问：有人说，中美之间的问题，主要在于中国这个新崛起的政治经济大国和美国这个在国际上起主导地位的超级大国争夺 21 世纪领导权的问题。请问您是如何看待中美关系的？

答：中国人民是爱好和平的。我国的方针始终是在和平共处五项原则的基础上同世界各国，包括美国发展友好合作关系。

改革开放以来，中国人民在建设自己国家的事业中取得了举世瞩目的成就。我们坚信，中国一定能够成为一个富强、民主、文明的社会主义现代化国家。同时我们也深知，中国是一个人口多、底子薄的发展中国家，经济发展水平还不高，各地发展也不平衡，人均国民生产总值仍然很低，农村人口约占总人口的 80%，其中近 6000 万人尚未解决温饱问题，发展的任务十分艰巨。在前进的道路上，还会遇到不少困难和挑战。中国实现现代化，还需要一个相当长的发展过程，还需要几代人的艰苦努力。

中国的发展是世界和平力量的增长。我们从自身的历史遭遇和实际需要出发，无比珍惜来之不易的独立和自由，无比珍惜十分难得的和平国际环境。中国历来坚持奉行独立自主的和平外交政策。

＊ 这是乔石同志在人民大会堂接受美国《中国新闻》英文月刊社社长冯地、发行人朱永康和总编辑许锦根采访时的答问。

1996 年 12 月 28 日，乔石在北京人民大会堂接受美国《中国新闻》英文月刊记者的采访。

中国坚决反对任何形式的霸权主义和强权政治，自己更不谋求任何霸权，当然也不存在与任何国家争夺所谓"领导权"的问题。早在22 年前，邓小平就在联合国大会第六届特别会议上庄严宣告：中国永远不做超级大国。我们国家现在没有对其他国家构成威胁，将来发展起来，综合国力增强了，也不会对其他国家构成威胁。事实上，中国的稳定和发展，是世界和平、稳定与发展的一个不可缺少的重要因素。中国将永远同世界各国友好相处，坚定不移地致力于世界的和平与发展事业。

保持和发展良好的中美关系，对我们两国、对世界都有好处。中国是最大的发展中国家，发展前景广阔，市场潜力巨大，美国是世界上最大的发达国家，两国之间有着广泛而重要的共同利益。邓小平曾经说：中美关系有一个好的基础，就是两国在发展经济、维护经济利益方面有相互帮助的作用。加强两国在经贸、科技等各个领域的双边合作，符合两国的根本利益，也是两国人民的共同愿望。我接触过一些美国工商界和其他各界的人士，他们非常希望中美加深了解，加强合作。中美是世界上有重要影响的国家，又都是联合国安理会常任理事国。两国在维护世界和平与稳定、促进世界经济发展与繁荣方面都负有重要责任，有必要加强双方在国际事务中的合作。我们希望从两国的根本利益出发，从整个人类合作和世界历史进步的要求出发，发展健康良好、长期稳定的中美关系，共同努力为开创和平、稳定、繁荣和美好的 21 世纪作出贡献。

发展中美关系，关键是要严格遵守中美三个联合公报。这样做了，中美关系就比较顺利，否则就出问题。这一点，实践已反复证明。近几年，中美关系总的趋势是向前发展的，但也经历了一些波折，波折的原因也在这里。最近一个时期，在双方的共同努力下，两国关系有所改善，双方接触和协商增多，高层开始互访，这是一个好的开端。只要真正站在战略的高度，恪守中美三个联合公报的原则，中美之间发展建设性的合作关系是可以做到的。

问：海外舆论对台湾问题一直非常关注，关于台湾问题，您有什么话要向本刊读者说？

答：实现台湾和祖国大陆的统一，是海内外中国人的共同愿望，它关系到中华民族的根本利益，在这个问题上，我们的立场是毫不含糊的。正如邓小平指出的，主权问题没有回旋余地。当然，两岸分离了近 50 年，统一不可能一蹴而就，需要一定时间，我们是有足够耐心的，但重要的是必须朝统一的方向走。去年下半年以来我们所进行的反分裂、反"台独"斗争，目的是要向岛内的分裂和"台独"势力、向国际社会表明，我们有决心、有能力维护国家的主权和领土完整，绝不允许把台湾从中国分裂出去。我们解决台湾问题的基本方针是"和平统一，一国两制"，再没有比"一国两制"的办法更合理的了。去年春节前夕，江泽民主席也就此发表了重要讲话。我们历来主张两岸在一个中国的原则下，通过谈判和协商解决彼此的分歧，为祖国统一创造条件。当然，台湾当局必须停止在国际上制造"两个中国"、"一中一台"的活动，因为这违背一个中国的原则，破坏和平统一的基础。

台湾是中国的领土，解决台湾问题是中国的内政，用什么方式解决台湾问题，同样是中国的内政。由于有美国的介入，台湾问题成为中美关系中的一个敏感问题。希望美国政府严格遵守中美三个联合公报的原则，不要使台湾问题阻碍中美关系的健康发展，这不仅对中国有利，也符合美国的根本利益。美国政府一再表示继续奉行一个中国的政策，不支持台湾加入联合国，不支持"台湾独立"。我们希望美国政府的这一态度能够长期坚持下去，真正从中美关系的大局和本地区的和平与稳定着眼，切实谨慎、妥善地对待台湾问题。

问：西方一些读者对三权分立制度比较熟悉，对中国的人民代表大会制度了解不多，请您谈谈中国的人大制度。

答：人民代表大会制度是中国的根本政治制度。我们实行人民代表大会制度，而不实行其他制度，是由我国的国情决定的。如果追溯一下历史，在新民主主义革命时期和新中国成立初期，我们在建立新型的人民政权组织形式上进行了探索和实践，为实行人民代表大会制度积累了经验。1954 年，召开了第一届全国人民代表大会第一次会议，通过了我国第一部宪法。这部宪法对人民代表大会制度作了明确规定。四十多年过去了，我国政治、经济形势发生了巨大变化，宪法也经过几次修改，但这一制度的基本原则和内容没有改变。我国实行人民代表大会制度是人民的选择，是历史的必然，这一制度已深深地植根于中国这块土壤之中。

人民代表大会制度主要包括：

（一）在我国，国家和社会的主人是人民。宪法规定："中华人民共和国的一切权力属于人民。"这也是我国国家制度的核心内容和基本准则。

（二）人民掌握国家权力的组织形式和制度，就是人民代表大会制度。宪法规定："人民行使国家权力的机关是全国人民代表大会和地方各级人民代表大会。""全国人民代表大会和地方各级人民代表大会都由民主选举产生，对人民负责，受人民监督。"我们的法律规定，选民和选举单位有权随时撤换或罢免自己选出的代表。宪法、法律的这些规定，都是为了保证各级人民代表大会能够真正按照人民的利益和意志办事。

（三）国家的权力机关是各级人民代表大会。其中，全国人民代表大会是最高国家权力机关，它的常设机关是全国人大常委会；地方各级人民代表大会是地方各级国家权力机关，县以上的地方各级人大设立常委会。国家行政机关、审判机关、检察机关都由人民代表大会产生，对它负责，受它监督。国家机构这样设置，是为了保证人民代表大会能够统一行使国家权力，在这个前提下，明确划分国家的行政权、审判权、检察权和武装力量领导权。也就是说，法律的制定和重大问题的决策等，都必须由国家权力机关，即全国人大和地方各级人大充分讨论，民主决定；它们的贯彻实施，由国家行政、审判、检察等机关按其职责去进行。

（四）充分发扬民主，实行民主集中制，是国家权力机关基本的组织原则和工作原则。各级人大及其常委会行使职权时，每位人大代表或常委会组成人员都是平等的，他们对审议的议题都可以充分发表意见；通过法律、决议、决定，必须根据少数服从多数的原则，由各级人大代表或各级人大常委会的组成人员用投票、表决等方式来决定，不能由一个人或少数人决定。集体行使职权是各级人大及其常委会的一项重要原则。

（五）明确划分中央和地方国家权力机关的职责，发挥中央和地方两个积极性。宪法规定，全国人大及其常委会审议决定全国性的重大事项；通过的法律和作出的决议、决定，对全国具有普遍的约束力。地方各级人大及其常委会要保证宪法、法律在本行政区域内遵守和执行，审议决定本地方的重大事项。

（六）在国家统一的前提下，实行民族区域自治。按照宪法的规定，我国是统一的多民族国家，各少数民族聚居的地方实行区域自治。各民族区域自治地方在中央的统一领导下，行使宪法和有关法律赋予的自治权，包括可以在国家计划的指导下自主安排和管理地方性的经济建设和教育、科学、文化、卫生、体育事业，可以根据本地方实际情况贯彻执行国家的法律、政策，等等。

以上是我国人民代表大会制度的主要内容。这个制度已经实行了四十多年，证明是适合我国国情的。今后我们还要继续坚持和完善这个制度。

问：改革开放以来，中国颁布了很多法律。这些法律执行情况如何？如果政府违反了法律，人大如何去纠正？

答：改革开放以来，全国人大及其常委会制定了三百多件法律和有关法律问题的决定，地方人大制定了五千多件地方性法规，国家政治生活、经济生活和社会生活的基本的主要的方面已经有法可依；人民群众的法制观念和法律意识有了明显提高；法律的实施情况，总的也是好的。但是，在一些部门、一些地方，确实存在着有法不依、执法不严、违法不究的现象，有的甚至执法违法、以言代法、以权压法。对这些问题，我们正在采取措施努力加以解决。

监督宪法、法律的实施，是全国人大及其常委会的一项重要职责。我们对此一直非常重视，强调要把对法律制定以后执行情况的检查监督，放在与立法工作同等重要的位置。1993 年八届全国人大常委会一组成，我们就制定了关于加强对法律执行情况检查监督的若干规定。根据这个规定，全国人大常委会每年都要组织若干个检查组，对一些法律的执行情况进行检查监督。每次执法检查后，全国人大常委会都要听取和审议执法检查组的报告，并将提出的意见和建议通报有关机关，督促有关机关解决检查中发现的问题，有关机关要将处理结果向全国人大常委会报告。从 1994 年到 1996 年，全国人大常委会共组织了 46 个执法检查组对 13 部法律的实施情况进行了 51 次检查，社会反响和实际效果都比较好。

我们还十分重视通过立法和建立相关制度，监督行政、司法机关严格执法。几年来，先后制定了行政诉讼法、国家赔偿法、行政处罚法，并修改了刑事诉讼法。这些法律在规范行政、司法机关行为，督促其依法行政、依法办案、保障公民合法权益等方面，都发挥了十分重要的作用。今年八届全国人大四次会议审议批准的我国国民经济和社会发展"九五"计划和 2010 年远景目标纲要中，也强调要建立对执法违法的追究制度和赔偿制度，这也对行政机关严格依法办事起到了有力的促进作用。

宪法对实施法律监督、保证国家法制的统一，有许多规定。国务院必须根据宪法和法律，制定行政法规；全国人大常委会有权撤销国务院制定的同宪法、法律相抵触的行政法规。地方人大及其常委会制定的地方性法规不得同宪法、法律和行政法规相抵触，并且要向全国人大常委会备案；全国人大常委会也有权撤销地方人大制定的同宪法、法律、行政法规相抵触的地方性法规，等等。

此外，根据我国宪法规定，公民有对任何国家机关和国家工作人员提出批评和建议的权利，以及对其违法失职行为提出申诉、控告或检举的权利。办理群众来信、接待群众来访，向有关机关反映人民群众的呼声和意见，督促其纠正违法行为，这也是我们监督行政机关、司法机关严格执法的一个重要途径。

问：中国县、乡两级人大代表和村民委员会已经实行直接选举，今后是否会逐步扩大直接选举范围？

答：1979年我们制定了选举法和地方各级人大及地方各级人民政府组织法，1982年、1986年和1995年又先后三次对这两个法律进行了修改，对我国的选举制度作了重大改革。主要包括：第一，把直接选举人大代表的范围从乡一级扩大到县一级。第二，实行由下而上、由上而下、充分民主地提候选人的办法。选民或者人大代表十人以上联名，就可以提出代表候选人；人大代表十人以上联名，就可以提出同级人大常委会和同级人民政府、人民法院、人民检察院有关组成人员的候选人。第三，将候选人和应选人的等额选举，改为候选人名额一般应多于应选人名额的差额选举办法。我国选举制度这三个方面的重大改革，扩大了人民民主，有利于人民群众更好地行使当家作主的权力。去年以来，全国的乡镇人大开始了换届选举，据我们了解，人民群众参选的积极性很高，参选率普遍达到90%以上，多数乡镇人大代表的候选人人选，是由选民依法联名提出的。

我们于1987年还制定了村民委员会组织法（试行）。村民委员会不是一级政权组织，而是村民自我管理、自我教育、自我服务的基层群众性自治组织，由村民直接选举产生。我们作这样的规定，也是为了让人民群众自己管理自己的事情，使人民民主得到进一步发展。

由于我国地域辽阔，人口众多，经济、文化发展水平还不高，因此，目前把直接选举的范围规定在县、乡两级是符合我国实际情况的。随着经济、文化的发展和人民生活水平的提高，我国的民主政治建设也会不断向前发展，选举制度也会进一步得到完善。

过去几十年，尤其是改革开放以来，我国的社会主义民主法制建设取得了显著成绩。今年3月八届全国人大四次会议审议批准的我国《国民经济和社会发展"九五"计划和二〇一〇年远景目标纲要》着重强调："依法治国，建设社会主义法制国家。"今后，我们将继续抓紧健全法制。当然，我们这个国家有几千年封建社会的历史，还有社会、经济发展的实际状况和其他一些因素的影响，全面建立起完备的法制，需要相当长的奋斗过程。我们相信，只要坚持不懈地努力，这个目标一定可以实现。

依法治国
建设社会主义法制国家 *

（1997 年 3 月 14 日）

各位代表：

八届全国人大五次会议，在全体代表的共同努力下，圆满完成了各项任务。会议审议和批准了李鹏总理的《政府工作报告》，审查批准了 1997 年国民经济和社会发展计划及中央预算，确定了今年经济和社会发展的主要任务、方针和措施。会议审议通过了经过修订的《中华人民共和国刑法》，审议通过了《中华人民共和国国防法》和其他有关法律问题的决定。这次对刑法的大量修改补充，使我们有了一部符合国情的刑法典。这是我国法制建设的一个重要成果。会议还听取和审议了其他几个方面的工作报告，作出了相应的决议。这次会议开得很成功，是一次民主、求实、团结、奋进的大会。它对于动员全国各族人民，坚定不移地沿着邓小平同志开创的建设有中国特色社会主义的道路继续前进，夺取改革开放和现代化建设事业的新胜利，具有十分重要的意义。

这次会议上，代表们很关注国有企业改革、经济结构调整以及农业稳定发展等方面的问题，提出了许多好的意见和建议。这些问题是改革和发展过程中深层次矛盾的反映，是前进中的问题，也是比较紧迫、亟待解决的问题。根本解决这些问题，关键在于深化改

---

* 这是乔石同志在八届全国人大五次会议上的讲话。

革，实现经济体制和经济增长方式的转变。国有企业改革，要切实作为今年经济体制改革的重点，迈出更大的步伐。已经确定的政策和措施要坚决落到实处，已被实践证明效果比较好的经验要结合实际积极加以推广，并要继续大胆探索，大胆实践，大胆试验，力求有新的创造，从而切实解决问题，取得明显成效。要坚持不懈地加强农业的基础地位，保护好广大农民生产和经营的积极性，采取有效措施减轻农民负担。要加大结构调整的力度，着重提高经济增长的质量和效益。我们要根据这次大会确定的目标，做好各方面的工作，继续推动国民经济持续、快速、健康地向前发展；同时大力加强精神文明建设，促进社会全面进步。

我国恢复对香港行使主权的历史性时刻越来越近，我们要认真做好工作，确保香港政权顺利交接和平稳过渡。在香港特别行政区成立后，要遵循邓小平同志提出的"一国两制"的方针，严格施行香港特别行政区基本法，实现"港人治港"、高度自治。我们相信，有日益强盛的祖国作后盾，有智慧、勤劳的600万香港同胞的共同努力，一定能够保持香港的长期繁荣和稳定，这颗"东方明珠"一定会更加光彩夺目。

各位代表！

邓小平同志关于民主法制建设的思想，是建设有中国特色社会主义理论一个十分重要的部分。邓小平同志强调，坚持发展民主、健全法制是我们党长时期的坚定不移的目标和基本方针。他指出，没有民主就没有社会主义，就没有社会主义的现代化。民主化和现代化一样，也要一步一步地前进。社会主义愈发展，民主也愈发展。他强调，为了保障人民民主，必须加强法制。必须使民主制度化、法律化。他认为，制度方面的问题更重要，更带有根本性、全局性、稳定性和长期性。要制定一系列的法律、法令和条例，从制度上保证党和国家政治生活的民主化、经济管理的民主化、整个社会生活的民主化，用完备的法制保障整个社会有秩序地前进。邓小平同志的这些思想是非常深刻的，是极其重要的。我们一定要精心学习、深刻领会，更要毫不含糊地贯彻落实，真正变为实际行动，以改革的精神把社会主义民主法制建设推向一个新的阶段。

加强社会主义民主法制建设，关键在于坚决依照宪法和法律的规定办事，就是要依法治国。宪法规定，我国的一切权力属于人民。我们必须十分注意尊重和保障人民的政治权利，充分调动人民群众的积极性和主动性，努力为人民群众依法参与民主选举、民主管理、民主监督和民主决策创造条件，提供服务。人民群众越是关心国家大事，越是对我们的各项工作提出意见和建议，就越有利于我们国家的兴旺发达。宪法规定，人民行使国家权力的机关是全国人民代表大会和地方各级人民代表大会。我们必须在党的领导下坚持和完善这一根本政治制度。要坚决依法维护人大代表的权利，充分发挥人民代表大会及其常委会的作用，积极开辟人民群众管理国家事务和各项事业的途径与形式。我们党历来强调，任何组织、任何个人都没有超越宪法和法律的特权。所有的国家机关都必须严格依法行使权力。领导干部尤其要熟悉宪法，掌握履行职责所必需的法律知识，自觉依照法律规定和法定程序办事。在作出决定时，必须考虑是不是符合有关的法律规定。我们的有些工作习惯和工作方法，如果不符合宪法和法律，就一定要坚决地改过来。我们一定要在全社会树立起崇尚宪法、尊重法律、维护法制的风尚。

各级人大及其常委会，都要把加强社会主义民主法制建设，依法治国，建设社会主义法制国家，作为自己的根本任务。四年来，八届全国人大及其常委会努力加强立法工作，制定了一大批法律和有关法律问题的决定，立法规划实施的状况是好的。今年立法的任务仍很繁重，要继续加快步伐，提高质量，努力完成五年立法规划，建立起社会主义市场经济法律体系的框架。以后随着改革开放和现代化建设的发展，还需要继续抓紧制定和完善有关社会主义市场经济方面的法律、推进社会主义民主政治建设的法律以及其他方面的法律。经过若干年的努力，我们一定能够建立起比较完善的有中国特色的社会主义法律体系。

立法的目的是为了执行。我们一定要按照邓小平同志早在80年代初就提出的原则，坚决做到有法必依，执法必严，违法必究。要采取有力措施坚决纠正广大人民群众深恶痛绝的执法犯法、以言代法、以权压法、贪赃枉法的现象。这次会议上，代表们普遍要求加强监督工作，有的意见还很强烈。人大的执法检查监督要在已有基础上，加大力度，增强实效，长期坚持不懈地做下去。要加强对政府、法院、检察院工作的监督，对人大及其常委会选举或任命的所有国家工作人员的监督。地方人大在这方面作了一些很有益的探索。对监督工作实践中创造的新做法和新经验，要认真加以总结。要把人大监督和人民群众的监督、舆论的监督以及其他各方面的监督结合起来。全国人大常委会正在根据宪法的规定起草监督法，这项工作十分重要，要切实抓紧。要努力实现监督工作的制度化、法律化。

各位代表！

1997年是我国发展历史上很重要的一年，任务相当繁重。希望大家回到各自的工作岗位后，认真宣传和贯彻这次会议的精神，团结和带领广大人民群众，做好工作，以实际行动迎接香港的回归和党的十五大的召开。我们要继承邓小平同志的遗志，在建设有中国特色社会主义理论和党的基本路线指引下，更加紧密地团结在以江泽民同志为核心的党中央周围，继续抓紧机遇，深化改革，扩大开放，努力奋斗，扎实工作，把社会主义现代化建设的伟大事业不断推向前进。

实行人民代表大会制度
是人民的选择 *

（1997 年 3 月 30 日）

一、关于落实刚刚结束的八届全国人大
五次会议上代表们提出的议案

向人民代表大会提出议案，是人大代表在会议期间依法行使的一项重要职权。我国法律规定，一个代表团或者 30 名以上的代表联名，可以向全国人民代表大会提出属于全国人大职权范围内的议案。每次大会期间人大代表提出的议案，大约有几百件，这些议案都得到了认真研究和妥善处理。其中一些立法方面的议案，有的已经由全国人大常委会完成立法程序颁布施行，有的已经列入全国人大常委会的立法规划。这次大会期间，共收到代表团和代表联名提出的议案 700 件，经大会主席团决定，将其中 140 件议案交有关的专门委员会审议，提出是否列入全国人大或全国人大常委会议程的意见，然后由全国人大常委会审议决定。另外 560 件，作为建议、批评和意见，与会议期间人大代表提出的其他建议、批评和意见一起，由全国人大常委会办公厅交有关机关、组织研究处理，并负责答复代表。

---

* 这是乔石同志在法国访问期间接受欧洲时报社社长杨永桔、总编辑梁源法和副社长张晓贝采访时的谈话要点。

二、关于中国人大在中国政治生活中的作用

人民代表大会在中国政治生活中的作用，是由宪法规定的。我国宪法规定，中华人民共和国的一切权力属于人民。人民行使国家权力的机关是全国人民代表大会和地方各级人民代表大会。全国人民代表大会是最高国家权力机关。全国人大常委会是它的常设机关。在人民代表大会统一行使国家权力的前提下，明确划分国家的行政权、审判权、检察权和武装力量的领导权。国家行政机关、审判机关、检察机关都由人民代表大会产生，对它负责，受它监督。四十多年来，全国人大和地方各级人大根据宪法的规定，认真行使立法、监督、决定重大事项、任免重要干部等职权，在中国政治生活中发挥了重要作用。特别是改革开放以来，全国人大及其常委会通过了三百多件法律和有关法律问题的决定，地方人大及其常委会通过了五千多件地方性法规，我国社会生活的主要方面已基本有法可依。人大及其常委会对行政机关、审判机关、检察机关实施监督的力度也在逐步加强，除经常听取和审议这些机关的工作报告、督促它们改进工作外，还普遍开展了对法律实施情况的检查监督。地方人大及其常委会还组织了对政府部门、人民法院、人民检察院的工作评议和对人大及其常委会任命的干部的述职评议。国民经济和社会发展的规划和年度计划、特别重大的建设项目，也是由人大审议通过和批准的。随着我国现代化事业的发展和社会主义民主法制建设的加强，人民代表大会在政治生活中的作用也将越来越重要。

三、关于中国全国人大及其常委会在反腐败 方面将采取何种更有效的措施

邓小平曾经精辟地指出：惩治腐败和廉政建设，要靠法制，搞法制靠得住些。全国人大及其常委会履行自己的职责，制定了一系列惩治腐败、推动廉政建设的法律。在刚刚闭幕的八届全国人大五次会议上又系统修改了刑法，对国家工作人员利用职务上的便利，非法占有公共财物和非法收受他人财物、为他人谋取利益的贪污贿赂罪，以及对国家机关工作人员滥用职权、玩忽职守、徇私舞弊，使国家和人民遭受重大损失的渎职罪的惩处，专门设了两章共 37条，作了更加明确、详细的规定。在破坏社会主义市场经济秩序罪一章中，也有一系列与惩治腐败有关的规定。在立法的同时，我们还通过监督、代表视察、处理人民群众来信来访等，督促查处涉及国家工作人员腐败的有关案件。我们还在抓紧起草监督法，这部法律也将对加强廉政建设产生重大影响。

四、关于人大代表的产生办法

我国县、乡两级人大代表是由选民直接选举产生的；设区的市的人大代表，省、自治区、直辖市的人大代表和全国人大代表，分别由下一级人民代表大会选举产生。1979 年以来，我们通过立法，对选举制度作了重大改革，主要包括：把直接选举人大代表的范围从乡一级扩大到县一级；实行充分民主地提候选人的办法，选民或者人大代表十人以上联名，就可以提出代表候选人；将候选人和应选人的等额选举，改为候选人应多于应选人名额的差额选举办法。

这些改革，扩大了人民民主，有利于人民群众更好地行使当家作主的权力。最近召开的八届全国人大五次会议通过了关于第九届全国人大代表的名额和选举问题的决定。从今年下半年起到明年1月底止，我国的县、设区的市、省（自治区、直辖市）人大和全国人大将陆续进行换届选举。换届选举将充分发扬民主，严格依法办事。全国人大常委会将加强对换届选举工作的指导。

中国实行人民代表大会制度，这是历史的选择。我国地域辽阔，人口众多，经济、文化还不发达，有几千年封建社会的历史，这就是我国的基本国情。实行人民代表大会制度，有利于人民行使权力，管理国家事务和社会事业。早在新民主主义革命时期和新中国成立初期，我们就在建立新型的人民政权组织形式上进行了探索和实践，积累了经验。1954年我国第一部宪法对人民代表大会制度作出了明确规定。四十多年过去了，这一制度的基本原则和内容没有改变。实践证明，人民代表大会制度是符合中国的实际情况的。我们将努力搞好这个制度的建设，并将随着国家经济、文化和社会的进步，在实践中不断发展和完善这个制度。

五、关于中国人大与法国议会关系的现状及前景

中国全国人大同法国议会之间有着良好的关系。中国全国人大常委会有多位副委员长访问过法国，法国议会领导人也曾几次访华，中国全国人大的专门委员会和法国议会的专门委员会之间、中法友好小组和法中友好小组之间也保持了经常性的友好交往。这些互访和交往不仅密切了中国全国人大和法国议会之间的关系，也有利于增进两国人民之间的了解和友谊，有利于推动两国的友好合作。

在这次访问期间，我同希拉克总统、朱佩总理、莫诺里参议长、塞甘议长等法国领导人在亲切友好的气氛中进行了会见，就中法双边关系和共同关心的国际问题交换了意见。此外，我还有机会同法国工商界人士进行了接触，并赴图卢兹参观了法宇航公司、国家空间研究中心，在普瓦捷参观了未来科学城等，所到之处受到了热烈欢迎和盛情接待。通过访问，我们加深了相互间的了解与信任，在进一步发展中法双边关系和加强两国在国际事务中的合作等方面达成了广泛共识。我对法国的访问取得了圆满成功。我们现正期待着希拉克总统 5 月对中国的访问。我深信，在双方的共同努力下，中法两国友好合作关系一定会发展到一个新的水平。

六、关于中国人大与欧洲议会的关系

我国与欧共体建交以来，中国全国人大与欧洲议会也建立了比较密切的联系，双方往来增加，各种交流与接触增多。这次我作为中国全国人大常委会委员长首次访问法国、意大利等欧盟国家，相信一定能增进中国全国人大和这些国家的议会间的相互了解，加深友谊，扩大合作。中国和欧盟都是当今世界政治经济舞台上的重要力量，我们重视欧洲议会作为欧盟主要机构之一的地位和作用，对中国全国人大和欧洲议会之间加强交流持积极态度，认为这有利于中欧整体关系的发展。对于双方在一些问题上的不同看法，我们主张通过扩大对话来加深相互理解、缩小分歧、促进合作。只要双方共同遵守相互尊重、求同存异、互不干涉内政和平等互利的原则，中国和欧盟、中国全国人大和欧洲议会之间的关系就一定能够稳定、健康地向前发展。

1997 年 3 月 28 日，乔石和夫人郁文参观位于法国南部城市图卢兹的法国宇航公司空中客车组装线。

1994年3月30日，乔石、宋健会见欧洲核子研究中心主任卢埃林-史密斯夫妇和丁肇中教授。

从实际出发　踏踏实实地
推进民主政治建设 *

（1997 年 3 月 30 日）

一、关于这次访问法国的目的

我这次到法国访问，正值法国的春天。北京现在也是春天。春天是充满希望和生机的季节。在这样美好的季节访问法国，我感到很高兴。中国和法国都是具有悠久历史和灿烂文化的国家，两国人民之间有着传统的友谊。本世纪初，周恩来、邓小平等曾在法国勤工俭学，这段生活对他们的革命生涯产生了重要影响。

我这次作为中国全国人大常委会委员长访问法国，通过与希拉克总统、朱佩总理、莫诺里参议长、塞甘国民议会议长等贵国领导人的会谈、会晤及与各方面人士的广泛接触，加深了了解，增进了友谊，扩大了合作。正如您所知道的，在中国改革开放、实行社会主义市场经济、建设社会主义法制国家的事业中，全国人大及其常委会承担着十分繁重的任务。我们需要从自己国家的实际出发，借鉴世界各国的成功经验。通过这次访问，进一步加强了中国全国人大与法国议会之间的友好交往，也有助于我们了解、研究法国议会在立法等方面的经验。

---

* 这是乔石同志在法国访问期间接受法国《费加罗报》社论委员会主席阿兰·佩雷菲特采访时的谈话要点。

1997 年 3 月 30 日，乔石在巴黎接受法国《费加罗报》社论委员会主席阿兰·佩雷菲特的采访。图为采访结束后，佩雷菲特将自己的著作《中国已经觉醒》一书赠给乔石。

中法关系是非常重要的。中国与法国保持和加强友好合作，不仅对两国的发展有积极意义，而且对世界的和平与稳定也有重要意义。中国政府和人民正在期待着希拉克总统不久访问中国。我相信，通过双方的共同努力，中法关系一定会获得更大发展。

二、关于中国的民主法制建设

建设富强、民主、文明的社会主义现代化国家，是我们的奋斗目标。邓小平同志早就指出，没有民主就没有社会主义，就没有社会主义现代化。为了保障人民民主，必须加强法制。必须使民主制度化、法律化，使这种制度和法律不因领导人的改变而改变，不因领导人的看法和注意力的改变而改变。改革开放近二十年来，我们遵循邓小平同志的这些思想，把建设高度的社会主义民主作为一项根本任务，在扩大人民民主方面采取了一系列重大步骤，包括制定

1982 年宪法，改革选举制度，制定和修改刑法、刑事诉讼法、行政诉讼法、国家赔偿法等一系列法律。我们还制定了村民委员会组织法（试行）和城市居民委员会组织法，通过村民、居民自治，加强基层民主建设。总的看，我国的现代化建设和民主政治建设，大体上是相适应的。同时，我们深知，我国地域辽阔，人口众多，经济、文化发展水平还不高，而且有几千年封建社会的历史，发展民主的任务是艰巨的。我们将坚定不移地从中国实际情况出发，在发展经济的同时，踏踏实实地推进民主法制建设。经过努力，有中国特色的社会主义民主政治一定可以建设起来。

三、关于中国目前急需制定哪些法律

我认为首先是经济方面的法律。要在八届全国人大任期剩下的一年时间里，再努一把力，大体形成社会主义市场经济法律体系的框架，然后再逐步完善。同时，我们将继续抓紧制定推进社会主义民主政治以及其他方面的法律。我们正在根据宪法的规定并总结实际工作中的成功做法，起草监督法，以便使各级国家权力机关对行政、审判、检察机关等其他国家机关的监督工作制度化、法律化。这将对加强我国的民主政治建设产生重要的影响。

四、关于中国共产党和人大的关系，
以及为何强调军队应服从于党

中国共产党的领导地位和作用是在长期的历史过程中形成的。党对国家事务的领导，主要是政治原则、政治方向、重大决策的领导和向国家机关推荐重要干部。党组织关于国家事务的重大决策，凡是应当由人大或人大常委会决定的事项，都要经人大或人大常委会通过法定程序变为国家意志。

中国共产党缔造和领导的人民解放军，在中华人民共和国成立以后，也就是国家的军队。根据宪法规定，国家设立中央军事委员会，领导全国武装力量。中央军委实行主席负责制。军委主席由全国人大选举，对全国人大及其常委会负责。这样恰当地规定军队在国家体制中的地位是必要的。但这并不改变党对军队的领导。我国宪法序言中明确肯定了中国共产党在国家生活中的领导地位，当然也包括党对军队的领导。

五、关于今年 7 月 1 日后香港的前途

最近几个月来香港证券指数和不动产投资的攀升，说明香港同胞和世界各地在香港的投资者对香港的未来是有信心的。现在距离我国政府恢复对香港行使主权的历史性时刻越来越近，我们正在认真做好各项工作，确保香港政权顺利交接和平稳过渡。在香港特别行政区成立后，我们将遵循邓小平同志提出的"一国两制"的方针，严格施行香港特别行政区基本法，实现"港人治港"、高度自治。香港一定能够长期保持繁荣和稳定，一定会建设和发展得更好。

在意大利米兰会见
工商界人士时的讲话

(1997 年 4 月 11 日)

应意大利参议院议长曼奇诺的邀请，我带着中国人民的友好情谊来到贵国进行正式访问。几天来，我同曼奇诺参议长、维奥兰特众议长举行了富有成效的会谈，同斯卡尔法罗总统、普罗迪总理进行了亲切友好的会见；与各界人士进行了广泛的接触。米兰是我访意的最后一站，今天有机会在这里同工商界的朋友们见面，我感到很高兴。在座的诸位都是意大利知名的企业家，其中不少人已同中国产业界建立了良好的合作关系，有的正在积极探寻开展合作的途径。你们为中意经贸关系的发展作出了努力和贡献，我对此表示感谢，并愿借此机会，简要介绍一下中国当前改革开放和经济发展的情况，希望能有助于各位对我国情况的了解。

中国自本世纪 70 年代末实行改革开放以来，社会生产力迅速发展，现代化建设取得了举世瞩目的成就，国家面貌发生了翻天覆地的变化。原定 2000 年国民生产总值比 1980 年翻两番的目标，已于 1995 年提前实现。1996 年我们又制定了国民经济和社会发展第九个五年计划和 2010 年远景目标纲要，规划了中国跨世纪发展的蓝图。按照我们确定的目标，到本世纪末，在我国人口比 1980 年增长 3 亿左右的情况下，实现人均国民生产总值比 1980 年翻两番，基本消除贫困现象，人民生活达到小康水平；下一个世纪的头十年，努力使国民生产总值比 2000 年再翻一番，显著提高国民经济

1997年4月11日，乔石在意大利伦巴第企业家协会会见米兰著名工商界人士，并发表演说。

的技术水平和整体素质，人民的小康生活更加宽裕，为下世纪中叶基本实现现代化奠定坚实的基础。去年，我国国民经济继续保持快速增长。国内生产总值按可比价格计算，比上年增长9.7%。工业增加值比上年增长12.7%，主要工业产品产量大都达到或超过计划目标。粮食生产再创历史最高水平，总产量达到4800亿公斤以上，其他农产品的生产情况良好，农村经济获得进一步发展。加强和改善宏观调控成效显著，我们在实现经济快速增长的同时，较好地控制了通货膨胀，明显降低了物价涨幅，去年全国商品零售物价总水平比前年上涨了6.1%。总的来说，"九五"计划已经有了一个好的开端。在3月召开的八届人大五次会议上，我们确定了今年国民经济和社会发展的主要任务、方针和措施。我们将继续保持国民经济持续、快速、健康地向前发展，今年经济增长的调控目标为 8%，物价上涨幅度要低于去年的实际涨幅。当前，我国人民正在争取经济建设的新成绩，今年头几个月的发展势头也是比较好的。

我国的体制改革和对外开放取得了显著的成绩。我们以建立社会主义市场经济体制为目标，对原来的经济体制进行了广泛深入的改革。在所有制方面，形成了以公有制为主体多种经济成分平等竞争、共同发展的局面；企业改革取得进展，现代企业制度正在逐步建立，国有企业日益成为真正的市场竞争主体；我国的市场已形成体系，各种生产要素市场也有很大发展，市场在资源配置中的作用越来越大；政府管理经济的职能有了改变，经济手段和法律手段所起的作用日益增大。我们还在财政、税收、金融、投资、价格、流通体制等方面进行了重大改革。今年将把国有企业改革作为重点，迈出更大的步伐，其他方面的改革也将进一步深化。我国已经形成了从沿海到内地广大地区的全方位、多层次、多形式的对外开放格局。我国已同世界上 220 多个国家和地区建立了经贸关系。1996 年外贸进出口总额达到 2890 多亿美元，进出口基本平衡。我国是发展中国家利用外资最多的国家，去年一年外商直接投资实际到位 400 多亿美元。我国在外贸、外汇、关税等方面的改革取得进展并将继续深化，我国的对外开放将进一步扩大。

我国重视社会主义民主法制建设，重视用法制来保障改革开放和现代化建设，保障整个社会有秩序地前进。改革开放以来，法制建设得到很大加强，经济立法也取得了显著的成就。1993 年，我们提出在八届全国人大任期内形成社会主义市场经济法律体系的框架，同时加强其他方面的立法。四年来，我们以制定有关市场经济方面的法律为重点，努力实施立法规划，已经制定颁布了 96 个法律和有关法律问题的决定，其中有关市场经济方面的法律和法律问题的决定 39 个。在规范市场经济主体和市场行为、维护市场秩序、加强宏观调控、完善社会保障制度、振兴基础产业和支柱产业、促进对外开放等方面，都制定了一些重要法律，社会主义市场经济法律体系框架已初具规模。这里我还想专门向大家介绍一点，这就是我们的经济立法从中国的实际出发，同时也很注意同国外的有关法律和国际惯例的衔接，注意为外资创造良好的法律环境。我们按照国际上通行的做法制定了外资企业法、中外合资经营企业法、中外合作经营企业法；在保护知识产权方面，制定了商标法、专利法、著作权法；在合同、税收等方面，制定了涉外经济合同法、外商投资企业和外国企业所得税法、关于外商投资企业和外国企业适用增值税等税收暂行条例的决定；在民法通则、仲裁法、民事诉讼法、行政诉讼法等法律中，也有专门的涉外法律适用条款。我们还将继续搞好有关的立法，改进执法工作，认真解决投资环境方面存在的一些问题。总的来说，中国的法律在逐步走向完备；同时我们很重视提高公民的法律意识和法制观念，重视提高国家机关依法行政、依法办事的水平，外商在中国投资的法律保障将会不断改善。

中国经济的快速增长，体制改革的持续深化，对外开放的日益扩大，法制建设的不断加强，为发展同世界各国的合作开辟了广阔的前景。我们重视同各国发展经济贸易和科技文化等方面的合作，重视借鉴和吸收世界各国的先进经验和先进成果。同时，世界各国也十分重视中国这个大市场，普遍希望同中国建立长期稳定的互利合作关系。中国有着宏伟的奋斗目标，又是一个发展中的大国。我们不仅在沿海地区保持着巨大的建设规模和很快的发展速度，像上海浦东的开发、开放是历史上罕见的；我们还在加快中西部地区建设和开发、开放的步伐。在增强中西部地区自我发展能力、加强东部沿海地区与中西部地区的经济技术合作的同时，加大国家对中西部的财政支持和政策支持，吸引外资更多地投向中西部地区。中西部地区自然资源和劳动力资源非常丰富，可以预期，那里将会获得很大的发展。中国是一个农业大国，农业的现代化是一项非常巨大的任务；中国工业企业的技术改造也有很多工作要做。总之，我国同世界各国的经贸和科技合作，无论是沿海还是内地，无论农业、工业还是第三产业都将是大有可为的。

我们很高兴地看到，在互惠互利的基础上，中意两国多年来开展了富有成效的经贸合作。贵国已成为我国在欧洲的第二大贸易伙伴。1996 年贸易额达 50.8 亿美元，贵国企业界在中国的直接投资也有较大幅度的增长，截至 1996 年年底，意大利在华投资项目共计 1010 个，实际投资 9.46 亿美元。意方还提供了贷款，支持意大利企业和产品进入中国市场。中意两国经济各具特色，在能源、交通、电信、农业等中国经济发展的优先领域，意大利具有优势。中意进一步发展经贸合作的潜力是比较大的。中国愿在平等互利的基础上进一步扩大同意大利的合作，欢迎各位企业家去中国投资，创办企业，也欢迎大家去中国考察和旅游。我相信，在双方的共同努力下，中意两国经贸关系和其他领域的合作将获得更大发展。

答美国《世界观点》记者问 *

（1997 年 5 月 23 日）

问：有一种观点认为：中国经济发展了不会对世界构成威胁，只有贫穷时才会构成威胁。对此，您如何看？下世纪前 50 年，中国在世界地缘政治中所起的作用将是怎样的？

答：中国人民爱好和珍惜和平。在和平共处五项原则的基础上发展同世界各国的友好合作关系，是我国一贯的方针。虽然历史上我国曾由于贫穷和落后屡遭列强侵侮，但无论是很贫穷、很困难的时候，还是日子好过一点的时候，我们都不会威胁别人。对内我们努力办好自己的事情，对外我们努力同一切国家和平共处。我们的目标是把中国建设成为一个富强、民主、文明的社会主义现代化国家。

改革开放以来，我国经济发展比较快，人民生活明显改善，国家面貌变化很大，但我国人口多，底子薄，发展不平衡，仍然是一个发展中国家，实现现代化还需要几代人的艰苦奋斗。按照我们的发展战略，在下世纪中叶我国将基本实现现代化，赶上中等发达国家的水平。我国的发展需要一个长期稳定的和平国际环境，特别是良好的周边环境。当前，我们与周边国家、与世界各国的关系是好的；我们将同各国保持长期稳定的友好合作和睦邻友好关系，共同

---

* 这是乔石同志在人民大会堂接受美国《世界观点》主编内森·加德尔斯采访时的答问。

1997 年 5 月 23 日，乔石在北京人民大会堂接受美国《世界观点》主编加德尔斯的采访。

维护本地区和世界的和平与稳定。中国历来主张国家不分大小一律平等，反对任何形式的霸权主义、强权政治和侵略扩张。中国永远不做超级大国。中国永远是维护亚洲和世界和平、促进人类共同发展的力量。过去，中国为维护世界和平做了大量工作，现在仍在继续努力。将来中国发展起来，综合国力有了增强，将为世界和平与稳定作出更多贡献。

问：中国到 2050 年会变成什么样？中国会像日本在二战后的30 年间的发展那样快吗？

答：我国早已确定了现代化建设"三步走"的战略，这就是：第一步，从 1980 年到 1990 年，国民生产总值翻一番，人民生活实现温饱，这一步在 1988 年就提前实现了；第二步，从 1991 年到本世纪末，国民生产总值比 1980 年翻两番，人民生活达到小康水平，其中翻两番的目标已经在 1995 年提前实现；第三步，到下个世纪中叶，人均国民生产总值达到中等发达国家水平，人民生活比较富裕，基本实现现代化。

在发展速度上，我们是从本国的实际出发的。改革开放以来，我国经济持续快速增长。1979年以来，年均增长9%多一些；"九五"期间，我们按年均增长8%的速度把握宏观调控的力度；下个世纪头10年准备按年均增长7%左右的速度来掌握。在保持一定经济增长速度的同时，我们十分重视经济增长的质量，强调通过国家宏观调控，避免因发展速度太快而造成有些国家曾经出现过的泡沫经济现象。另一方面，我国经济发展速度虽然较快，但经济总规模还不大，人均水平还很低。预计到本世纪末，按目前的价格和汇率计算，人均国民生产总值大约800美元，到2010年人均国民生产总值也才约1500美元，仍属于发展中国家。

问：目前，在国际关系方面有两种观点：一种观点认为，由于国家间经济联系日趋紧密，冲突所造成的损失和合作所获得的利益将比以往大得多；另一种观点则认为，一个国家与另一个国家的利益是冲突的，应把重点放在国家间的竞争上。你认为如何？

答：世界正在发生重大而深刻的变化。随着科学技术的飞速发展和世界经济全球化、区域化趋势的不断加强，国与国之间的联系日益紧密，经济上的相互依存越发明显，需要国际上相互配合和密切合作才能解决的全球性问题越来越突出。当然，国与国之间有竞争是正常的，有时也难免会有一些矛盾或争端，只要有关各方不只考虑自己的利益，也尊重对方的利益和考虑世界各国共同的、长远的利益，总是可以通过平等协商，找到公正合理、切实可行的解决办法的。我们认为，对于国与国之间的分歧，应该通过对话解决，而不是对抗。不同的国家在社会制度、价值观念、经济发展水平、历史文化传统等方面可能存在差异，但又都处在同一世界之中，人类的命运休戚与共。各国可以而且应该一致努力，共同对付人类生存和发展所面临的挑战，共同缔造一个更加美好的世界。

问：有学者认为，冷战已被"文明的冲突"取代，在最深层次上，西方和中国对世界的看法是不同的、冲突的。您以为如何？还有一种观点认为，第三世界对美国在世界政治、文化中的霸权主义日益不满，并会越来越多地起来进行抵制。您是否同意这种观点？

答：每个国家、每个民族都有自己的文化传统和价值观念等，这是历史形成的，是客观存在；不同的国家对世界的看法有不同，也是完全正常的。我们觉得，文化传统、价值观念的不同，经济发展程度和模式的差异，对世界看法的分歧，都不应当成为国家间矛盾和冲突的根据。在处理国与国之间关系时，我们历来主张遵循和平共处五项原则，在这个基础上，求同存异，加强合作，共同为世界的和平、人类的进步和文明的发展作出贡献。如果企图把自己的意志和价值观念强加给别人，或者按照某种"文明"模式统一天下，肯定是行不通的。

冷战结束以后，世界多极化趋势加速发展，各国的独立自主意识增强，要求在相互尊重主权和领土完整、互不侵犯、互不干涉内政、平等互利、和平共处等原则基础上建立公平、合理的新型国际关系的呼声会越来越高，无论哪个国家搞霸权主义和强权政治，都会遭到越来越广泛的抵制和反对。

中国是世界上最大的发展中国家，美国是世界上最大的发达国家，两国都是联合国安理会常任理事国，在维护世界和平与稳定方面都负有重要责任。保持和发展良好的中美关系，包括加强双方在国际事务中的合作，对我们两国、对世界都有好处。我们希望从两国的根本利益出发，从整个人类合作和世界历史进步的要求出发，发展健康良好、长期稳定的中美关系，共同为开创和平、稳定、繁荣和美好的 21 世纪作出贡献。最近一个时期，在双方的共同努力下，两国关系得到改善，发展势头良好。实践证明，只要坚持和平共处五项原则，恪守中美三个联合公报，中美之间的友好合作关系是可以不断向前发展的。

问：是盎格鲁—萨克逊式的自由资本主义有前途，还是中国和古巴实行的社会主义经济体制更合适？

答：从近代以来世界历史发展和当前世界经济状况看，不可能有一种经济体制适合所有国家的情况。各国只有从自己的实际出发，探索采取适合自身经济发展的体制，才是最佳选择。

我们共和国自建立以来，始终在探索适合中国情况的发展道路。经过几十年的实践，从本世纪 70 年代末开始，我国实行改革开放，走出了一条适合自己情况的路子，这就是发展社会主义市场经济。邓小平同志早在 1979 年就明确讲到社会主义的市场经济。在会见美国客人吉布尼和加拿大客人林达光时，他指出，说市场经济只存在于资本主义社会，只有资本主义的市场经济，这肯定是不正确的。市场经济在封建社会时期就有了萌芽，社会主义也可以搞市场经济。以后他还曾多次谈到这个问题。1992 年视察南方发表重要谈话时，他进一步强调："计划多一点还是市场多一点，不是社会主义与资本主义的本质区别。计划经济不等于社会主义，资本主义也有计划；市场经济不等于资本主义，社会主义也有市场。"①同年，我们党的十四次代表大会明确宣布，把建立社会主义市场经济体制作为经济体制改革的目标。1993 年，八届全国人大一次会议通过宪法修正案，规定"国家实行社会主义市场经济"。我们从本国的实际出发发展社会主义市场经济，同时也重视吸收和借鉴人

---

① 《邓小平文选》第三卷，人民出版社 1993 年版，第 373 页。

类社会创造的一切文明成果，吸收和借鉴当今世界各国包括资本主义发达国家的一切反映现代社会化生产规律的先进经营方式、管理方法。改革开放以来，我国经济繁荣，社会进步，人民生活水平不断提高。实践证明，社会主义市场经济体制是适合我国国情的。

问：西方有些人认为，中国政府对香港恢复行使主权后，会过多地干预香港事务；另一些人则认为，这些舆论只是人为地制造出来的。那么，2000年以后的香港究竟会是什么样呢？

答：从我国的实际情况出发，用"一个国家，两种制度"的办法解决祖国统一问题，是邓小平同志的一个伟大创造。这为香港等问题的解决奠定了基础。1984年中英两国政府就香港问题签署了联合声明，1990年我国七届全国人大三次会议通过了香港特别行政区基本法。基本法从起草到通过用了将近五年时间，其间广泛征求了港人的意见。基本法贯彻了"一国两制"的构想，明确规定：香港特别行政区不实行社会主义制度和政策，保持原有的资本主义制度和生活方式不变。香港特别行政区实行高度自治，享有行政管理权、立法权、独立的司法权和终审权。香港回归后，我们将贯彻中英联合声明，严格按基本法办事，中央人民政府决不会干预香港特别行政区自治范围内的事务。2000年以后的香港将会继续保持繁荣和稳定，香港的未来会更加美好。

问：中国将如何解决人口增长和大城市的资源紧张（例如南水北调）问题，并改变以煤为主要能源所造成的全球变暖的状况？你们如何看待自己在全球环境保护方面负有的责任？

答：我国人口压力大，人均资源占有量比较低。我们坚持把计划生育作为基本国策，十分重视资源的合理开发和利用。为此，全国人大常委会已经制定了一系列有关的法律，八届全国人大四次会议审议通过的"九五"计划和2010年远景目标纲要也作了规定。

我们还要建设一些大的工程，以缓解大城市资源紧张的问题，包括在下世纪的头十年着手建设跨流域的南水北调工程。

全球变暖，不只是燃烧煤造成的。至于因燃煤引起的一些环境问题，我们一直在努力解决。我们重视开展煤的液化、气化等科研和开发工作，重视坑口电站的建设，同时还十分重视开发利用其他的清洁能源。

中国把环境保护作为一项基本国策，认真实施可持续发展战略。这方面，中国全国人大及其常委会制定了一系列法律，如环境保护法、海洋环境保护法、大气污染防治法、水污染防治法、固体废物污染环境防治法、环境噪声污染防治法等，基本形成了保护环境的法律体系，并经常对这些法律的实施情况进行检查监督。我国重视支持低污染或无污染的产业，加大了国土绿化、生态环境保护和环境污染治理的力度。比如，我国建立了三北防护林带等规模宏大的防护林工程，关闭了一大批对环境造成严重污染的工厂，仅淮河流域的小造纸厂就关闭了一千多家，等等。中国积极参与国际环境事务，推进环境保护领域的国际合作，认真履行在环境保护方面所承担的国际义务，做了大量工作。

保护环境是全人类的共同任务，在这方面，发达国家在资金、技术等方面应当向发展中国家提供帮助和支持。

问：中国会出现介于西方式民主和"文革"式民主之间的民主吗？有中国特色的社会主义民主法制的含义是什么？

答："文化大革命"不是民主，而是给我们国家和人民带来严重灾难的动乱。"文化大革命"的发生并持续十年，一个十分重要的原因就是过去重视民主法制建设不够。正是基于这一沉痛教训，我们党在70年代末就强调：要发展社会主义民主，健全社会主义法制；要使民主制度化、法律化，使这种制度和法律具有稳定性、连续性和极大的权威性。邓小平同志就此作出过系统的论述。他关于民主法制建设的思想是建设有中国特色社会主义理论的重要组成部分。

社会主义民主的核心是人民当家作主。我国宪法规定，我国的一切权力属于人民，人民行使国家权力的机关是全国人民代表大会和地方各级人民代表大会。为了保证人民掌握国家权力，真正成为国家的主人，就一定要坚持和完善人民代表大会制度。为此，必须加强全国人大及其常委会的工作，必须充分发挥地方各级人大及其常委会的作用，必须坚决依法维护人大代表的权利。同时，在基层要加强群众性自治组织的建设，让人民群众自己管理自己的事情。改革开放以来，我们改革选举制度，适当扩大全国人大常委会的职权，实行农村村民和城市居民自治，都是为了扩大人民民主。

为了保障人民民主，保障整个社会有秩序地前进，改革开放以来我们高度重视法制建设，制定了一大批法律，现在我国社会生活的主要方面已基本有法可依。同时，我们还加强了对法律实施情况的监督，督促行政、司法机关严格依法办事，纠正违法行为，改进执法工作。

由于我国封建社会的历史比较长，以及还存在其他一些方面的原因，社会主义民主法制建设是一个长期的历史过程。我们将坚持从中国的实际情况出发，继续积极推进有中国特色社会主义民主法制建设的进程。

问：中国批评西方只注重中国的人权却不懂中国的现实。您认为西方媒体应当怎样报道中国的现状？

答：我们希望新闻媒体客观公正地报道中国的现状，在人权问题上也是一样。中国十分重视保护公民的权利，除宪法对公民的基本权利作了全面规定外，还制定了一系列有关的法律，如选举法、

劳动法、工会法、消费者权益保护法、教育法、科技进步法等。为
保障特殊群体的权利，我们制定了妇女权益保障法、未成年人保护
法、残疾人保障法、归侨侨眷权益保护法、老年人权益保障法等。
为保障少数民族的平等权利，我们制定了民族区域自治法。为保护
公民的合法权益不受行政、司法机关的违法侵害，我们制定了行政
诉讼法和国家赔偿法。即使对于受到司法追究的人和服刑罪犯，我
们也注重刑事诉讼和监狱管理中的人权保护，这在刑事诉讼法和监
狱法等法律中均有体现。今年 3 月，八届全国人大五次会议又系统
修订了刑法，更好地贯彻了罪刑法定、罪刑相当和法律面前人人平
等的原则，也进一步完善了保护人权方面的有关规定。至于国家与
国家之间在人权问题上有不同看法，我们主张进行对话，不赞成搞
对抗，不能利用人权问题干涉别国内政。

环境与资源保护工作
必须纳入法制轨道 *

(1997 年 6 月 18 日)

全国人大环境与资源保护工作座谈会，围绕我国环境与资源保护的法制建设等问题，总结了几年来的工作，讨论了今后一个时期的任务，会议开得是好的。

环境与资源保护工作，直接关系到我国经济增长和社会进步的全局，关系到全民族的根本利益，关系到子孙后代的生存和发展，是一项意义十分重大的工作。邓小平同志是十分重视环境与资源保护工作的。他多次指出，人口多、底子薄、耕地少是我国的基本国情；他强调环境保护工作很重要，他号召全国人民植树造林，绿化祖国，造福后代，并率先垂范，身体力行，85 岁高龄仍然亲自参加义务植树活动。我们一定要认真学习、深刻领会邓小平同志的有关论述，更加自觉地贯彻执行环境保护基本国策，全面实施可持续发展战略，把我国的环境与资源保护工作推上一个新台阶。

我们一定要在努力发展经济的同时，十分重视保护环境，决不能走某些国家"先污染、后治理"的老路，不能为了眼前的利益损害未来的发展。改革开放以来，我国的环境保护工作取得了比较大的进展，增加了投入，加快了法制建设，加大了治理力度，有些地区的环境状况有了明显改善。但总的来看，我国的生态环境问题还

---

* 这是乔石同志在八届全国人大环境与资源保护工作座谈会上的讲话。

加强法制建设节约
和保护资源

一九九七年十月 乔石

相当突出，环境质量还在继续恶化，环境保护的任务仍然十分艰巨。因此，必须把环境保护工作作为根本大计来抓，一年接一年，一代接一代地抓下去。要切实坚持经济建设、城乡建设与环境建设同步规划、同步实施、同步发展的方针。要千方百计地增加环保投入。要真正做到有污先防，有污必治，治污必清，排污必究，力争到本世纪末控制住环境污染和生态破坏加剧的趋势，为实现环境保护的奋斗目标打下良好的基础。

我们必须十分珍惜资源。没有资源的永续利用，就没有经济的可持续发展。从总体上看，我国的资源并不宽裕，而且随着人口的增加、经济的发展，对资源的需求会越来越大，资源供需矛盾也会更加突出。对此，必须要有清醒的认识，不可盲目乐观，不可大手大脚。要坚持开发与节约并举、利用与保护并重的方针，在生产、建设和消费等各个领域，都必须精打细算，厉行节约。要依法保护和合理开发海洋、草原、矿产和生物等自然资源，特别要保护好事关国计民生的土地、水、森林等重要资源。对非法采矿、乱占耕地、滥伐森林、污染水源等各种破坏和浪费资源的现象，必须采取有效措施坚决予以禁止。

环境与资源保护工作必须纳入法制轨道。各级人大及其常委会，都要把加快环境与资源保护的法制建设作为一项重要任务，坚持不懈地抓紧抓好。八届全国人大设立了环境与资源保护委员会，几年来，在环境与资源保护的立法、执法检查和舆论监督等方面，做了大量的开创性的工作，取得了明显成效。八届全国人大常委会制定和完善了六部保护环境与资源方面的法律，连同原有的法律共计十五部。有立法权的地方人大及其常委会也从本地实际出发，制定了一批地方性法规。应当说，我国已初步形成了控制环境污染与保护资源的法律体系框架。今后这方面的立法要继续加快步伐，提高质量，逐步建立起与社会主义市场经济相适应的保护环境与资源的法律体系。

各级人大及其常委会要切实加强环境与资源保护的执法监督。要定期听取和审议政府有关环境与资源保护的工作报告，继续抓好对环境与资源保护方面法律实施情况的检查监督。要在这几年开展执法检查的基础上，进一步完善机制，加大力度，增强实效。各级人大开展的环保世纪行活动，是一种很好的舆论监督方式，要认真总结经验，不断加以完善。要把人大监督和群众监督、舆论监督结合起来，切实提高监督工作的水平。

环保工作做得好不好，关键在领导。领导重视要重在行动，重在实效。每年都要力争在环境和资源保护方面带领人民群众办几件作用大、影响好的实事，解决几个热点、难点问题。各级干部特别是领导干部要增强环境与资源保护方面的法律意识，自觉依照法律办事，坚决杜绝以言代法、以权压法、执法犯法的行为，切实做到依法行政和公正司法。

保护环境，节约资源，人人有责。要把亿万群众的积极性调动起来，在全社会形成一个保护环境、节约资源的良好风气，全面实现经济和社会的可持续发展。

认真实施基本法
确保香港长期繁荣稳定 *

（1997 年 7 月 1 日）

今天，我国政府已经对香港恢复行使主权，香港重新回到了祖国的怀抱。这是一件举世瞩目的大事，是中华民族振兴史上的一件盛事，是祖国统一进程中一个重要的里程碑。在这举国同庆的日子，我们谨对香港特别行政区的成立表示热烈的庆贺。

从今天起，香港特别行政区基本法开始实施。基本法贯彻了邓小平同志"一国两制"的伟大构想和"港人治港"、高度自治的方针，是香港长期繁荣和稳定的根本保障。全国人大及其常委会将为不折不扣地实施香港基本法作出应有的努力，将坚定不移地支持香港特别行政区行政机关、立法机关、司法机关依照基本法行使各项职权，支持逐步完善适合香港实际情况的民主制度，支持依法保障广大香港同胞享有的各种权利和自由，支持香港各项建设事业的发展。我们相信，只要坚定不移地贯彻执行基本法，通过广大人民群众的努力奋斗，香港的未来一定会更加美好，更加辉煌；香港的长期繁荣稳定，将对我国的现代化事业发挥重要的作用，也将对祖国的完全统一产生巨大的影响。

根据七届全国人大三次会议的决定，在香港基本法实施时，设

---

* 这是乔石同志在八届全国人大常委会第二十六次会议上成立香港特别行政区基本法委员会时的讲话。

立全国人大常委会香港特别行政区基本法委员会，作为常委会下设的工作委员会，其任务是：就有关香港基本法第十七条、第十八条、第一百五十八条、第一百五十九条实施中的问题进行研究，并向全国人大常委会提供意见。这个委员会的组成人员已经全国人大常委会任命。希望香港基本法委员会认真履行自己的职责，为香港基本法的实施，为香港的繁荣和稳定，努力作出贡献。

现在，我宣布：全国人大常委会香港特别行政区基本法委员会正式成立！

认真学习贯彻党的十五大精神
把建设有中国特色社会主义事业
推向前进*

(1997 年 10 月 27 日)

　　中国共产党第十五次代表大会，是在世纪之交召开的具有重要历史意义的会议，将对我国的发展产生深远的影响。这次会议的主题是，高举邓小平理论伟大旗帜，把建设有中国特色社会主义的事业全面推向 21 世纪。江泽民同志代表党的第十四届中央委员会向大会作的报告，总结了十一届三中全会以来，特别是十四大以来的实践经验，集中了全党的智慧，对我国改革开放和社会主义现代化建设跨世纪的发展作出了全面部署，是我们党带领全国各族人民迈向新世纪的行动纲领。大会通过的党章修正案，把邓小平理论确立为我们党的指导思想，这是时代的要求，人民的愿望，这对于保证我们党领导人民坚定地走有中国特色社会主义道路，把我国建设成为富强、民主、文明的社会主义现代化国家，具有重大而深远的意义。当前的国际环境和国内形势对我们的事业是相当有利的。我们要认真学习、努力贯彻十五大精神，紧紧抓住历史机遇，在邓小平理论的指引下，解放思想，开拓奋进，扎实工作，进一步深化改革，扩大开放，加快发展，把建设有中国特色社会主义事业推向前

＊　这是乔石同志在八届全国人大常委会第二十八次会议上的讲话。

进。要按照十五大的要求，继续推进政治体制改革，进一步扩大社会主义民主，健全社会主义法制，积极推进依法治国、建设社会主义法制国家的进程。

希望各级人大及其常委会结合各地实际，学习、贯彻好十五大文件精神，用十五大精神指导人大工作，努力把人大工作做得更好。我们要在邓小平理论指引下，在以江泽民同志为核心的党中央领导下，同心同德，艰苦奋斗，满怀信心，把建设有中国特色社会主义事业全面推向 21 世纪。

在会见香港特别行政区
行政长官董建华时的谈话 *

（1998 年 2 月 11 日）

香港特别行政区成立半年多了，总的情况是好的，基本法贯彻执行得比较好，经济和社会保持繁荣稳定。对此，国际国内评价都比较高。特区政府，尤其董先生作为第一任行政长官，不辞劳苦，做了大量工作，取得了好的成绩。你们保持了香港行之有效的经济运行原则；为增强香港经济在未来的竞争力积极探索、努力谋划，付出了很多心血；对一些重大、敏感的政治和社会问题处理比较妥善。特区政府在董先生的领导下表现出较强的驾驭全局的能力和管理组织能力。邓小平曾经说过，要相信香港的中国人能治理好香港。实践证明，他的话是正确的。

前不久东南亚爆发的金融风波在世界范围内产生了影响，香港也受到了一定程度的冲击。你们坚决捍卫港币联系汇率制的决心和做法稳定了投资者和港人的信心，也保持了香港经济的稳定。由于这场风波冲击力大，以后对香港的经济和市民生活还可能有影响，但香港完全有能力克服困难，保持繁荣，继续发展。香港的地位十分重要，我们相信，有特区政府的高效管理，有六百多万香港同胞的共同努力，香港一定会更加兴旺发达，在国际国内都将发挥更大的作用。

---

* 这是乔石同志会见董建华等香港特别行政区主要官员时的谈话要点。

1998 年 2 月 11 日，乔石在香港会见了香港特别行政区行政长官董建华等。图为董建华在礼宾府大楼前迎接乔石。

要长时期地毫不动摇地
实行"一国两制"的方针*

(1998年2月11日)

春节刚过，今天又是我国人民的传统佳节——元宵节。在这喜庆团圆的节日里，能够有机会同港区八届、九届全国人大代表欢聚一堂，我感到格外亲切和十分高兴。请允许我代表全国人大常委会，并以我和我夫人的名义，向各位致以节日的问候，祝大家身体健康、家庭幸福、事业发达！

3月5日，九届全国人大一次会议将在北京举行。届时，八届全国人大代表将完成历史使命，九届全国人大代表将开始履行职责。在这里，我代表全国人大常委会，向在过去五年任期内为履行代表职责付出辛勤劳动和作出可贵贡献的港区八届全国人大代表，表示衷心的感谢和崇高的敬意！对新当选的港区九届全国人大代表，表示热烈的祝贺！

香港顺利回归祖国并且保持繁荣稳定，是邓小平提出的"一国两制"、"港人治港"、高度自治的方针得到贯彻执行的结果，是特区政府卓有成效地工作和六百多万香港同胞共同努力的结果。今后，我们仍将长时期地、毫不动摇地实行"一国两制"的方针。邓小平强调指出，香港在1997年回到祖国以后五十年政策不变，包括我们写的基本法，至少要管五十年，五十年以后更没有变的必

---

*　这是乔石同志在香港会见香港地区第八届、第九届全国人大代表时的讲话。

1998 年 2 月 11 日，乔石在香港会见香港地区第八届、第九届全国人大代表并发表讲话。这是乔石进入会场时向与会代表致意。

1998 年 2 月 12 日，乔石参观香港会展中心新翼五楼中英香港政权交接仪式会场。

1998 年 2 月 13 日，乔石在香港青马大桥观景台上笑答记者提问。

1998 年 2 月 14 日，乔石乘珠江客运有限公司"顺德"号游艇游览维多利亚港和港岛西部附近水域时，在驾驶舱里兴致勃勃地操纵方向舵。

要。香港的地位不变，对香港的政策不变，对澳门的政策也不变，对台湾的政策按照"一国两制"方针解决统一问题后五十年也不变。这些话，是我们工作必须始终不渝地坚决遵循的原则，也是我们继续努力的方向。只要我们坚定不移地这样奋斗下去，就一定能够保持香港的繁荣，促进香港的发展，也一定能够最终完成祖国统一大业。

香港问题的顺利解决，是同我们国家改革开放和现代化建设的巨大成就紧密联系的；香港保持长期繁荣稳定，也将同祖国的发展息息相关。在我们国家，改革开放是历史的潮流、时代的要求，经过 20 年的实践已经深入人心。中国只有走建设有中国特色社会主义的道路，始终以经济建设为中心，一心一意搞建设，才能兴盛起来，才能实现现代化。这是全国人民的共同认识和坚定信念。人类即将进入 21 世纪，国际环境和国内形势对我国的建设事业相当有利，我们将紧紧抓住历史机遇，继续坚定不移地深化改革，扩大开放，努力实现跨世纪发展的宏伟目标。衷心希望各位代表和广大香港同胞继续关心支持国家的改革开放和现代化建设，同全国人民一道为振兴中华贡献力量。

依法治国，是我们坚定不移的基本方针。我们要努力加强法制建设，用完备的法制保障整个社会有秩序地前进。必须树立和维护宪法与法律的权威和尊严，在香港问题上，尤其要不折不扣地认真按基本法办事。在法律面前人人平等。任何人、任何组织都没有超越法律的特权，任何不符合法律的习惯和做法都必须坚决纠正，任何违反法律的行为都必须坚决追究。必须继续推进政治体制改革，从中国实际情况出发，脚踏实地地、坚决地发展社会主义民主，完善社会主义法制。必须使民主制度化、法律化，使这种制度和法律不因领导人的改变而改变，不因领导人看法和注意力的改变而改变。这是整个国家，包括香港长治久安、稳定发展的重要保障。在民主和法制建设方面，我们已经取得显著的进步，同时还有更多的任务有待我们去完成，其中有些还是很艰巨的。但只要我们坚持不懈地努力，一定能够把我国建设成为一个社会主义法治国家。

在中国，发展民主首要的是切实坚持、不断巩固和加强人民代表大会制度。人民代表大会制度是我国的根本政治制度。宪法规定，国家的一切权力属于人民；人民行使国家权力的机关是人民代表大会；人民代表大会由民主选举产生，对人民负责，受人民监督；国家行政、审判、检察等机关由人民代表大会产生，对它负责，受它监督。人民代表大会制度的核心是人民当家作主。四十多年的实践证明，这个制度是符合中国国情的，是得到人民拥护的。我们一定要依照宪法和法律，尊重和保障人民的政治权利，努力为人民群众参与民主选举、民主管理、民主监督和民主决策创造条件，开辟途径；坚决维护人大代表的权利，十分尊重国家权力机关的权威，充分发挥人民代表大会及其常委会的作用，加强国家权力机关对其他国家机关的监督。

全国人大代表是最高国家权力机关的组成人员，肩负着国家立法、监督等神圣而光荣的使命，责任是很重大的。当然，按照"一国两制"的方针，港区全国人大代表没有监督香港特别行政区政府的职责，不干预香港特别行政区政府的工作，不干预香港特别行政区自治范围内的事务。港区八届全国人大代表不负人民的重托，依法认真履行职责，为香港的顺利回归和保持繁荣稳定、为国家的改革开放和现代化建设，作出了重要的贡献。对于你们的工作，国家和人民是不会忘记的。我们相信，新当选的港区九届全国人大代表，一定会根据中华人民共和国宪法和法律，依照全国人大议事规

　　1998 年 2 月 12 日，乔石和夫人郁文在香港会展中心新翼外"永远盛开的紫荆花"雕塑前留影。

则等法律规定认真履行代表职责，为祖国的富强昌盛、为香港的稳定和发展，作出自己的努力。全国人大常委会将为大家履行代表职责创造条件，提供服务。

责任编辑：阮宏波　张连仲　陈光耀　安新文
封面设计：肖　辉
责任校对：周　昕

图书在版编目（CIP）数据

乔石谈民主与法制（下）/乔石　著．−北京：人民出版社，2012.6
ISBN 978 − 7 − 01 − 010955 − 8

I. ①乔…　II. ①乔…　III. ①社会主义民主 − 建设 − 中国 − 文集②社会
主义法制 − 建设 − 中国 − 文集　IV. ① D62−53 ② D920.0−53

中国版本图书馆 CIP 数据核字（2012）第 120428 号

乔石谈民主与法制

QIAOSHI TAN MINZHU YU FAZHI

（下）

人民出版社
中国长安出版社　出版发行

环球印刷（北京）有限公司印刷　新华书店经销

2012 年 6 月第 1 版　2012 年 6 月北京第 1 次印刷
开本：700 毫米 × 1000 毫米 1/16　印张：17.5
字数：198 千字　插页：6

ISBN 978 − 7 − 01 − 010955 − 8　定价：41.00 元

邮购地址 100706　北京朝阳门内大街 166 号
人民东方图书销售中心　电话（010）65250042　65289539